Ulrich Schulze ist das Pseudonym eines promovierten Facharztes für Psychiatrie und Psychotherapie, der durch jahrzehntelange Tätigkeit für Rentenversicherungen, die Agentur für Arbeit und die medizinischen Dienste der Krankenkassen neben seiner großen Praxis einen tiefen Einblick in die Probleme der Berufsfindung und Berufsunfähigkeit gewinnen konnte. Nicht nur wissenschaftlich sondern auch privat hat er sich dieser Thematik gewidmet. Mehrere Jahre Tätigkeit im Ausland verhalfen ihm zu einem Einblick in die Probleme der Arbeitsmigration. Seine drei Kinder konnte er zu akademischen Würden und selbständiger Existenz begleiten. Vier Enkelkinder kommen dabei nicht zu kurz. Er schreibt unter Pseudonym, damit sich nicht zu viele seiner Klienten auf die Suche nach ihrem Schicksal in seinen Fallbeispielen machen.

Ulrich Schulze

WAS SOLL MEIN KIND WERDEN?

Ein Elternratgeber

Bibliografische Information der Deutschen Nationalbibliothek:
Die Deutsche Nationalbibliothek verzeichnet diese Publikation in der
Deutschen Nationalbibliografie; detaillierte bibliografische Daten
sind im Internet über http://dnb.dnb.de abrufbar.

Herstellung und Verlag: BoD – Books on Demand, Norderstedt
ISBN: 978-3-7526-6007-4

Inhaltsverzeichnis

Vorwort

Wer sich heute unter dem Stichwort „Berufsorientierung" in die aktuelle Fachliteratur einliest (Tim Brüggemann, Sylvia Rahn (Hrsg.), Berufsorientierung : ein Lehr- und Arbeitsbuch, 2020), der kommt rasch zu einer verblüffenden Erkenntnis: Nach Einschätzung der forschenden Pädagogen sollte die Berufswahl in erster Linie und vor allem interessengeleitet erfolgen. „Werde das, wofür du dich interessierst. Wir helfen dir dabei." Einige Psychologen erwähnen Talente und die Existenz eines Arbeitsmarktes, sprechen von „Passung", übergewichten am Ende allerdings auch in ihren Entscheidungsbäumen die Interessen des Jugendlichen und ergründen diese zumeist mit Selbsteinschätzungsfragebögen. Dass der Einsatz solcher Instrumente zur Ergründung der Teenager-Vorlieben gerade auch online zu grotesken Fehleinschätzungen führen kann, darauf weisen nur wenige Psychologen hin (C. Mette, H. Wottawa in „Berufsorientierung" von Brüggemann/Rahn). Diese Vorgehensweise blendet die biologische Begrenztheit menschlicher Entwicklungsmöglichkeiten sowie sozioökonomische Aspekte weitgehend aus. Hier wirkt die Milieutheorie nach, die etwa seit Mitte der sechziger Jahre ihren Siegeszug antrat und versprach, dass alle Menschen im Wesentlichen gleich auf die Welt kommen und jeder bei entsprechender Fürsorge und Förderung mit gewissen Abstufungen alles werden könne. Der Gleichheitseifer treibt viele junge Menschen, insbesondere Frauen, auf einen Kollisionskurs mit ihren von der Natur vorgegebenen Möglichkeiten, was riskant sowohl in Bezug auf das individuelle Glück als auch für die Gesellschaft ist. Die Bedeutung der Eltern im Prozess der Berufsfindung wird zwar in

1

empirischen Studien als herausragend identifiziert, allerdings mit einem gewissen Unbehagen nur am Rande abgehandelt. Denn Idealbild der Berufsberater ist der Jugendliche, der als mündiges Individuum eine der wichtigsten Entscheidungen in seinem Leben autonom treffen soll. Ist es an der Zeit, dieses Dogma zu hinterfragen?

1. Das Problem

Während der letzten dreißig Jahre durfte ich in meiner psychotherapeutischen Sprechstunde von meinen Klienten lernen, dass die meisten Menschen ihr Lebensglück auf zwei Säulen aufbauen: Beruf und Partnerschaft. Solange eine dieser Säulen fest steht, stürzt das Individuum in Krisen nicht so leicht ins Bodenlose. Die Wahl des richtigen Berufes ist somit eine der entscheidenden Weichenstellungen im Leben und sollte einem rationalen Findungsprozess leichter zugänglich sein als die komplexere Partnerwahl. Über Jahrhunderte gab es in den ständischen Gesellschaften wenig Entscheidungsspielraum. Junge Männer traten in die Fußstapfen der Väter und fast alle Mädchen wurden Mütter und Hausfrauen. Mit der Industrialisierung im 19. Jahrhundert änderte sich das rasant. Das aufstrebende Bürgertum erkämpfte eine nie dagewesene soziale Mobilität. Dass dieses Postulat der Emanzipation schon damals für Jugendliche zur Qual werden konnte, hat Gottfried Keller in seinem Bildungsroman „Der grüne Heinrich" 1854 eindrücklich beschrieben: „Und als ich über diese unheimliche Zufälligkeit weiter nachdachte, verwunderte ich mich aufs neue, wie es überhaupt möglich gewesen sei, dass ich, noch in den Kinderschuhen stehend, meinen unberatenen Willen (*Künstler und Maler zu werden*) so leicht habe durchsetzen können in einer das ganze lange Leben bestimmenden Sache. Ich war noch nicht über die Jugendidee hinaus, dass eine solche Selbstbestimmung im zartesten Alter das Rühmlichste sei, was es geben könne; allein es begann mir jetzt doch unerwartet die Einsicht aufzugehen, das Ringen mit einem streng bedächtigen Vater, der über die Schwelle des Hauses hinauszublicken vermag, sein ein besseres Stahlbad für die jugendliche Werdekraft." Durch allgemeine Schulpflicht und die Öffnung der höheren Bildung auch für Frauen setzte eine Entwicklung ein, die sich in der zweiten Hälfte des 20. Jahrhunderts noch einmal furios beschleunigte. Der Prozentanteil der Studienberechtigten eines Jahrgangs stieg von 7% im Jahr 1960 auf 53% im Jahr 2017. Damit ist das Gymnasium zur meistbesuchten Schulform geworden und die Konkurrenz um die begehrten Bildungszertifikate hat enorm zugenommen. Die in einer Leistungsgesellschaft unvermeidlichen Siebungsprozesse hat die Gleichheitsideologie allerdings bisher nicht eliminieren können. Diese werden aus dem allgemeinbildenden Schulsystem in die Universitäten und die Phase des Berufseinstiegs verlagert. Ein trügerisches Gleichheitsversprechen gaukelt Eltern und Kindern eine Wahlfreiheit vor, die viele überfordert. Eltern ahnen, dass eine Weichenstellung unvermeidlich ist, schrecken allerdings vor autoritären Vorgaben zurück. Das Kind windet sich, setzt oft auf Vermeidung und möglichst langen Schulbesuch, bucht nach dem Abitur ein freiwilliges soziales Jahr oder "work and travel" in Australien. Je weiter weg und exotischer, umso besser. Begrifflichkeiten wie Tradition und Heimat sind mittlerweile negativ besetzt, obwohl viele Studien z.B. die um Längen höhere Leistungsfähigkeit von Geistesarbeitern in ihrer Muttersprache und den größeren Erfolg von Unternehmensgründungen in der Heimat belegen. Vielleicht ist dies das Problem einer Moderne, die das Festhalten an über Generationen bewährten Verhaltensweisen für inakzeptabel erklärt hat. Wenn junge Menschen bei ausbleibender Ergebnisgerechtigkeit dann arbeitslos oder bitter enttäuscht in der dritten oder vierten Lebensdekade in eine Depression geraten, höre ich immer wieder die gleichen Sätze: „Niemand hat mir nach der Schule gesagt, auf was ich mich da einlasse. Meine Eltern meinten nur, das

4

musst du schon selber wissen. Wir reden dir nicht rein." Aber Jugendliche können nun einmal nicht vom Ende eines langen Berufslebens her denken. Die Eltern könnten das, wagen es aber häufig nicht mehr. Diese gestörte Kommunikation führt viel zu oft zu ratlosen Kindern (empirische Studien nennen ein gutes Drittel der Schüler aus Abgangsklassen), die ohne ausreichende Informationsbasis aus einer Mode heraus gravierende Fehlentscheidungen treffen. Wie soll auch eine 16jährige wissen „wo es im Leben lang geht"? In diesem Alter baut sich das Gehirn noch einmal komplett um. Im Kernspintomographen kann man regelrecht beobachten, wie die Hirnrinde schmächtiger wird. Die Verdrahtung der Nervenzellen wird neu gestaltet, was zu typischen Verhaltensauffälligkeiten führt. Jugendliche sind oft emotional labil, impulsiv und in ihrem Urteilsvermögen eingeschränkt. Nicht umsonst kennen alle Zivilisationen Altersgrenzen. Deshalb sind die meisten Jugendlichen mit der Berufswahl heillos überfordert. Wer könnte in einer solchen heiklen Situation besser helfen als die Eltern? Der professionelle Berufsberater der Agentur für Arbeit guckt sich einige Selbstauskunftsfragebögen und Zeugnisse an, nimmt sich vielleicht dreißig Minuten Zeit und weiß doch wenig über den Charakter, die Talente, Schwächen und den familiären Hintergrund des jungen Menschen, der da vor ihm sitzt. Nein, Eltern sollten diese Aufgabe nicht delegieren. So wie sich indische Eltern Monate, mitunter Jahre Zeit nehmen, um einen geeigneten Ehepartner für ihr Kind zu finden, so sollten europäische Eltern wenigsten an der Säule Beruf fleißig arbeiten, um Stabilität ins Leben des Kindes zu bringen. Einfach ist das nicht, denn es gilt einen komplexen Algorithmus mit fünf Hauptvariablen zu denken:

1. Wo steht mein Kind mit seiner Intelligenz im Vergleich zur Altersgruppe?

2. Welche für Schul- und Berufserfolg wichtigen Charaktereigenschaften und Talente sind wie stark im Kind ausgeprägt?

3. Welche Berufsbilder könnten zu einer solchen Persönlichkeit passen?

4. Wird es für eine zu seinen Anlagen passende Profession über die nächsten zwanzig Jahre Bedarf geben?

5. Schaffen die Einnahmen aus diesem Beruf die materiellen Voraussetzungen und sozialen Sicherheiten für ein Leben ohne ständige Geldnot?

Natürlich wird man bei der Suche nach Antworten auf diese Fragen keine hundertprozentigen Gewissheiten finden. Durch intensive Beschäftigung sollte es allerdings möglich sein, über bloße Zufallswahrscheinlichkeiten hinauszukommen. Demographisch befinden sich auf den Arbeitsmarkt drängende Jugendliche in Deutschland in einer historisch einmalig komfortablen Situation. Auf eintausend 55 bis 59jährige, die sich auf ihren Ausstieg aus dem Berufsleben vorbereiten, kommen nur 666 Jugendliche im Alter von 15 bis 19 Jahren, die den Berufseinstieg suchen. Man vergleiche diese Zahlen mit der verzweifelten Situation in Ländern mit hohem Geburtenüberschuss. Gunnar Heinsohn hat mit seinem „Kriegsindex" darüber ausführlich publiziert: In Syrien folgen auf 1000 ältere Männer im Renteneintrittsalter immer noch 3500 Jünglinge, die Arbeit suchen.

Die folgenden Kapitel sind ein Versuch, die Erkenntnisse der empirischen Sozialbiologie, Verhaltensforschung, Kognitions- und Bildungsforschung für diesen Entscheidungsprozess zu nutzen, um - im günstigsten Fall - die Wahrscheinlichkeit für Erfolg bei solchen Bemühungen auf vielleicht 80% zu steigern. So kann sich eine Synthese aus den unterschiedlichen Perspektiven bilden, die sich hinter den Fragen "Was *soll, will oder kann* mein Kind werden?" verbergen.

Alle geschilderten Fälle beziehen sich auf reale Schicksale, sind allerdings so verfremdet, dass eine Identifizierung einzelner Personen unmöglich ist.

2. Was dürfen und sollen Eltern vorgeben?

Auf eine Aussage „Wir wollen nur das Beste für unsere Kinder" werden sich die meisten Eltern gerne festlegen lassen. Aber was ist das Beste in Bezug auf die Berufswahl? Schon hinter „Ich lebe doch nicht um zu arbeiten, sondern arbeite um zu leben" steckt der Gedanke, dass eine erfolgreiche Berufstätigkeit oft auch nur Mittel zum Zweck sein dürfte. Welchem Zweck? Lebensglück? Kann und darf man für seine Kinder überhaupt Lebensglück definieren?

Der französische Romancier Nicolas Mathieu hat in seinem 2018 erschienenen, preisgekrönten Roman „Wie später ihre Kinder" die Probleme der Berufsfindung aus der Perspektive der 18jährigen Abiturientin Stephanie so umschrieben: „Sie (*die Eltern*), die ein behagliches, kleinbürgerliches Leben führten, die gut zurechtkamen und nicht allzu kultiviert waren, hielten für ihre einzige Tochter keine konkreten Pläne bereit." Ihr Vater hatte nur „die verrückte Forderung für das Abitur aufgestellt, die Auszeichnung. Ansonsten dachten sie, dass Steph was im Handel machen könnte, sie würde Praktika absolvieren, einen Job annehmen, man würde ihr helfen […] und mit der Zeit würde sie ihren Weg finden, wie die Eltern." Stephanie aber „hatte die grundlegenden Mechanismen verstanden, spät, aber besser als nie. Die Schule war ein Rangierbahnhof. Manche gingen früh ab und waren für körperliche Arbeit bestimmt, unterbezahlt, desillusioniert. [...] Andere schafften es bis zum Abitur, angeblich 80 Prozent einer Altersklasse, und dann studierten sie Philosophie, Soziologie, Psychologie, BWL. Nachdem im ersten Jahr heftig ausgesiebt worden war, konnten sie auf miserable Abschlüsse hoffen, denen sich eine endlose

Arbeitssuche anschloss [...] landeten in frustrierenden Positionen [...] Sie würden die Gruppe schlechtgelaunter, überqualifizierter und unterbeschäftigter Bürger vergrößern [...]."

Berufsorientierung hat auch etwas zu tun mit Lebensplanung und dies wiederum mit der Vermittlung von Werten. Man kann Kindern hier keine rigiden Vorgaben machen, aber man darf und sollte mit ihnen darüber sprechen, denn erstaunlicherweise finden die vielen Gedanken der Philosophen dazu selten Eingang in den Schul- oder Religionsunterricht, was daran liegen mag, dass traditionelle Werte wie Familie durch einen emanzipatorischen Zeitgeist unter Druck geraten sind. Allerdings sind die wenigsten Jugendlichen empfänglich für hochtrabende philosophische Diskurse. Für eine sehr, sehr geerdete Lebensplanung und Berufswahl mag es zunächst genügen anzusprechen, was zwei noch heute geschätzte Philosophen im Abstand von mehr als 1800 Jahren zur materiellen Basis eines glücklichen Lebens zu Papier gebracht haben.

Epikur und Michel de Montaigne setzten auf das Haus mit Garten als passenden Ort für erbauliche Gespräche unter Freunden! Zumindest Montaigne lebte allerdings in einem Ambiente, das heute den Berufen der erfolgreichen Investmentbanker oder Unternehmer vorbehalten sein dürfte: Schloss mit Weingut. Aber auch die moderne sozialdemokratische Version eines freistehenden Einfamilienhauses mit Garten schafft eine klare Ansage für die Berufswahl: Es muss ein am besten überdurchschnittliches regelmäßiges Einkommen her! Die Messlatte steigt noch höher, wenn man zum Lebensglück eine große Familie rechnet. Der selber durch eine raue Kindheit gegangene Schriftsteller Bodo Kirchhoff hat einmal auf die Frage nach dem Sinn des Lebens geantwortet: Das Leben weitergeben! Eltern dürfen diesen Gedanken offensiv an ihre Kinder vermitteln, auch wenn der Feminismus dicke Fragezeichen dahinter setzt. Während einer Podiumsveranstaltung mit Alice Schwarzer wurde sinngemäß die Frage in den Raum gestellt, „Was haben uns die letzten dreißig Jahre Feminismus gebracht?" Eine ergraute Dame aus den hinteren Reihen soll laut gerufen haben: „Viele einsame alte Frauen!" Es hilft wenig, ständig über fehlende Fremdbetreuungsplätze, Karriereknicks und die Ungerechtigkeiten des Steuer- und Abgabensystems zu klagen. Verhältnisse wie in Frankreich, wo reiche Großfamilien zeitweilig kaum noch Steuern zahlten, wird es in Deutschland so schnell nicht geben. Eine Berufswahl, die auf ein ausreichend hohes Einkommen und damit optimale Rahmenbedingungen für eine glückliche Familie zielt, ist dagegen sehr wohl möglich, wenn die Eltern mit dem Teenager weit in die Zukunft schauen. Aber, mag sich mancher Leser denken, kann man im Zeitalter der Beschleunigung überhaupt noch Prognosen wagen und Ratschläge geben, wenn in unserer *boom and bust* Ökonomie das *hire and fire* die Wirklichkeit bestimmt? Gerade noch werden Fahrzeugingenieure händeringend gesucht, dann bricht die Autokonjunktur ein und 30 000 arbeitslose Konstrukteure stehen auf der Straße. Deshalb sollten Eltern bei stark konjunkturabhängigen Berufen sehr auf das Talent ihres Sprösslings achten. Der Abstieg, die Rezession trifft zunächst Berufsanfänger und die Mittelmäßigen am härtesten. Zwar gibt es keine absolut garantierten Karrieren, wohl aber Wahrscheinlichkeiten. Solche Chancen und Risiken kann ein Teenager alleine nur schwer abwägen. Der junge Mensch fühlt sich noch unsterblich und kann schlecht akzeptieren, dass bestimmte Meilensteine im Leben bis zu einem fixen Alter erreicht sein wollen, wenn es nicht zu einem Rückstand kommen soll, der nur schwer oder gar nicht mehr aufzuholen sein kann. Aber auch damit liegen die Jugendlichen ganz im Trend, der solche engen Begrenzungen gerne negiert. Die professionellen Berater der Agentur für Arbeit denken hier oft entlang behavioristischer Utopien und schmücken sich mit blumiger Sprache („Kompetenzerkundung, Potentialanalyse, verborgene Talente, angstfreier lebenslanger Prozess der Berufsorientierung"), die die harten Realitäten der existierenden Berufswelt beschönigt und oft komplett ausblendet.

3. Wie redet man mit Jugendlichen über Berufsfindung?

Coole junge Leute lassen sich ungern reinreden. Oppositionell-trotziges Denken gehört zur Adoleszenz, macht Gespräche über die Zukunft allerdings nicht unbedingt einfacher. Diktatorisch eine bestimmte Schule oder einen Ausbildungsgang für den Sprössling festlegen, dürfte nur noch in Ausnahmefällen der geeignete Weg sein. Vielmehr gilt heute unter Verhaltenstherapeuten das *nudging* als besonders erfolgversprechend. Das englische Wort *nudge* bedeutet *kleiner Schubs, Stupser* und das Verb *to nudge* kann man mit *anstoßen, ein bisschen nachhelfen, sich vorsichtig seinen Weg bahnen* übersetzen. Und dazu sollte immer kommen: „Steter Tropfen höhlt den Stein!" Es geht darum, bei den Jugendlichen über Jahre ein bestimmtes Nachdenken zu katalysieren. Gibt es besonders günstige Zeitpunkte? Viele Jugendliche werden in der Pubertät von Stimmungsschwankungen gequält, deren Ursache auch in der komplexen Neuverdrahtung liegt, der das Gehirn unterzogen wird. Die Übellaunigkeit folgt oft einer Tagesrhythmik mit Morgentief und Abendhoch. In so einem Fall sollte man die muffelige Sprachlosigkeit beim Frühstück tolerieren und wichtige Themen am besten beim Abendbrot auf den Tisch bringen. Konfrontatives Argumentieren mit Vorwürfen bewirkt wenig. Die Psychotherapeuten arbeiten gerne mit „Spiegeln" und „sokratischem Dialog". Unter Spiegeln versteht man das Anreißen eines Themas über ein in der Ferne liegendes Beispiel, was scheinbar keinen direkten Bezug zum Leben des eigenen Sprösslings hat. Darunter fällt z.B. auch das gemeinsame Anschauen eines Films, der sich mit einem für das Kind heiklen Thema beschäftigt, über das anschließend allerdings keine harte, belehrende Diskussion geführt werden sollte, denn es geht um einen kleinen Schubser und auf keinen Fall den Holzhammer. Die Auswahl einer Novelle, die ein aktuelles Problem im Leben des Kindes thematisiert, kann mehr bewirken als laute Standpauken. Psychotherapeuten nennen das Bibliotherapie, wozu es bei Jugendlichen eines guten Einfühlungsvermögens bedarf, damit das Buch nicht ungelesen im Regal landet.

Im sokratischen Dialog versucht man, durch geschickte offene Fragen den Jugendlichen in Richtung von Antworten zu bewegen, die er dann hoffentlich als die eigenen akzeptiert. Es geht immer um Einsicht und Reflexion in ganz kleinen Portionen zum richtigen Zeitpunkt.

Fällt die Reaktion barsch und unwirsch aus, müssen die geduldigen Eltern es zu einem späteren Zeitpunkt noch einmal mit einer anderen Frage oder Geschichte versuchen. Solche Geschichten zeigen die beste Wirkung, wenn sie emotional berühren. Da kann man sich einiges bei den Erzählern klassischer Märchen abschauen: Dramatisierung, holzschnittartige Vereinfachung und Verkürzung können helfen, mal eben beim Abendbrot so einen kleinen Schubser herüberzubringen.

Ich erinnere mich noch gut an die jahrelangen Klagen einer Kollegin, deren drei Kinder sich bis kurz vor dem Abitur partout nicht zu einer Berufswahl durchringen mochten. Diese sehr engagierte Allgemeinärztin hatte viel Zeit investiert, um den Rackern während der letzten zwei Jahre das Berufsleben näher zu bringen. Ja, ich würde sie als „Helikopter-Mutter" bezeichnen. Bei den Töchtern mangelte es an mathematischer Begabung, weshalb die MINT-Fächer (Mathematik, Informatik, harte Naturwissenschaft und Technik) ausschieden. So wurde Jura anvisiert. Erst nahm sie ein befreundeter Richter einige Tage mit hinter seine Aktenberge und in den Zuschauerraum während der Verhandlungen, später kiebitzten sie beim Rechtsanwalt und Notar. Der Hinweis auf die damalige Konkurrenzsituation unter Juraabsolventen ohne Prädikatsexamen und die harschen Aufnahmeprüfungen an der Bucerius-Law-School ließen den Enthusiasmus schwinden. Hier bestand eine prima Übereinstimmung zwischen Selbsteinschätzung der Töchter und Fremdeinschätzung durch die Mutter: Die Mädchen besaßen keine weit überdurchschnittliche Denkkraft und würden nie zu den 10% besten eines Jahrgangs in einem anspruchsvollen Studiengang gehören, wiewohl die Schulnoten dergleichen vorgaukelten. Die Mutter fragte vorsichtig nach eventueller Freude an feinem Handwerk und ließ die jungen Damen während zwei Wochen in einem zahntechnischen Labor werkeln. Richtig anbeißen mochten sie nicht, drucksten eher verlegen herum. Jahrelanger Cello- und Bratschen-Unterricht hatte keine musikalischen Talente offenbart und da sie mit der Mathematik auf Kriegsfuß standen, schieden Ausbildungen in Finanzamt oder Geldinstituten aus. Ihre Sprachbegabung hätten sie schon gerne genutzt, allerdings nicht um den Preis, einmal die hautnah erfahrenen Leiden ihrer Lehrer selbst aushalten zu müssen. Nein, Grundschullehrerin mit schwierigen Inklusions- und Migrantenkindern, dafür waren sie zu zart besaitet. In der Sekundarstufe wurden sie mit schreckgeweiteten Augen Zeuginnen verbaler und körperlicher Attacken auf Lehrkräfte, die sie später selber wahrscheinlich zum Amtsarzt mit der Bitte um Frühpensionierung gebracht hätten. Lehrerinnen am Limit – das ging gar nicht. Auswandern in die Schweiz, wo vielleicht noch Zucht und Ordnung in materiell bestens ausgestatteten Schulen herrschten, wollten sie ebenfalls nicht. Dabei hatten beide eine rührende pädagogische Ader, wollten ihrer ergrauten Mutter unbedingt und mit Engelsgeduld das Spielen auf ihren Saiteninstrumenten beibringen. Es folgten noch Hospitationen bei einem Pfarrerehepaar (nicht lachen!), in einer Apotheke und bei einem Immobilienmakler. Begeisterung kam nirgends auf. Abendliche sokratische Dialoge endeten rasch in betretenem Schweigen. Bis der Vater zwei Monate vor den Abiturprüfungen keine Ausflüchte mehr gelten ließ: „Sarah, Karlotta, ihr müsst es jetzt sagen. Was für einen Beruf wollt ihr ergreifen?" Ganz leises Murmeln: „Vielleicht so etwas wie Mama macht?" Da war sie, die Entscheidung, die den Eltern sehr plausibel erschien, die sie allerdings klugerweise ihren Töchtern nicht aufoktroyiert hatten. Den Mädchen war vielmehr von den Eltern ein bunter Fächer an Berufsmöglichkeiten ausgebreitet worden und sie hatten lange Zeit zu wählen. In dieser langen Zeit stieg allerdings der Erwartungsdruck für eine Entscheidung vor dem Schulabschluss und damit eine Entscheidung gegen endlose Warte- und Findungsschleifen, die schlecht in die Erwerbsbiographie junger moderner Frauen passen. Der forschere Vater ließ seine behutsame Frau zwei Jahre vorsichtig operieren, um dann wenige Wochen vor Ultimo ein ernstes Machtwort zu sprechen. Perfekte Dramaturgie mit einem für alle akzeptablem Ergebnis.

4. Frühe Indikatoren für den späteren Berufsweg

Es existiert eine erstaunliche Vielzahl wissenschaftlicher Studien, die sogenannte Prädiktoren für späteren Erfolg im Beruf identifiziert haben. Gemeint sind damit messbare Eigenschaften oder Leistungen von Schülern, die später in Verbindung mit der Höhe des Einkommens und dem Sozialprestige eines Berufes stehen. Die Forscher nennen das Korrelation, was einen ursächlichen Zusammenhang nahelegen kann, aber keineswegs beweisen muss. Aufgefallen ist dabei seit hundert Jahren die Intelligenz, die man mit relativ einfachen Tests messen kann und die sich nach neuer Forschung besonders an der Leistungsfähigkeit des Arbeitsgedächtnisses festmacht. Das Arbeitsgedächtnis ermöglicht es dem Gehirn z.B. gleichzeitig Rechenoperationen auszuführen und parallel eine Zahlenkolonne im Gedächtnis zu halten. Je mehr Rechnerkapazität und Speichervermögen vorliegen, umso effektiver kann ein Mensch Fragestellungen schnell bearbeiten. Noch besser als solche Zahlen- und Rechentests sagen allerdings Schulnoten den späteren Berufserfolg voraus. Woran liegt das? Robert Plomin, Professor für Verhaltensgenetik am Kings College London, hat dazu die bisher größte Zwillingsstudie vorgelegt, die offenbart, dass die Unterschiede in den Schulnoten zu 50% durch Intelligenzunterschiede bedingt sind, zu 24% durch Persönlichkeitsfaktoren. Dazu zählen Sorgfalt und Offenheit für neue Erfahrungen. Das entspricht genau allgemeiner Lebenserfahrung. Ein mathematisch hochintelligenter Nerd kann im Berufsleben scheitern, wenn er sich von Mitarbeitern seines Teams abkapselt und bei mangelnder Verträglichkeit von Kollegen und Vorgesetzten schlechte Bewertungen erhält. Der Faktor Schule und soziales

Umfeld spielt solange eine geringe Rolle, wie die Verhältnisse lokal durchschnittlich befriedigend sind. Verschlechtert sich die Sozialstruktur eines Schulbezirks allerdings massiv, wie z.B. in den Pariser Vorstädten und einigen „hotspots" der Migration in Deutschland, dann kommt es zu starken Einbrüchen bei Schulleistungstest, und eine Wohnanschrift in bestimmten Pariser Vorstädten soll bereits jetzt ein k.-o.-Kriterium bei eingereichten Bewerbungen sein. In Großbritannien hat das zu einer regelrechten Fluchtbewegung von bildungsorientierten Eltern geführt, die das schlechte Unterrichtsniveau aufgrund extremer Heterogenität der Schülerschaft auf den staatlichen Gesamtschulen nicht mehr tolerieren mochten. Etwa 15% der Schüler flüchteten auf Privatschulen, die durch homogene Lerngruppen und gute materielle und personelle Ausstattung eine Art Garantie auf den Zugang zu den besten Universitäten des Landes und erfolgreiche Bewerbungen bei den beliebtesten Arbeitgebern anbieten. Über einen solchen komplexen Selektionsmechanismus wird der Besuch einer teuren Privatschule zu einem starken Prädiktor für späteren beruflichen Erfolg. Wohlgemerkt, es ist also nicht nur die finanzielle Potenz der Eltern alleine, sondern die Kombination aus Intelligenz, einer Reihe positiver Charaktereigenschaften und dem Konzept homogener Lerngruppen.

5. Ist mein Kind intelligent genug für seinen Berufswunsch?

Selbst Wikipedia räumt zähneknirschend ein, dass nichts so stark mit Schul- und Berufserfolg in Verbindung steht wie die Intelligenz eines Kindes, wenn man der Definition folgt, die Google als ersten Hit anführt, nämlich „die Fähigkeit, insbesondere durch abstraktes logisches Denken Probleme zu lösen und zweckmäßig zu handeln". Man könnte Intelligenz auch als Denkkraft bezeichnen. Diese ist vor allem genetisch determiniert und die treibende Kraft gesellschaftlicher Schichtenbildung, die holzschnittartig entlang eines groben Auswahlprozesses erfolgt: Es gibt sehr viele Menschen, die Maschinen bedienen, viele die Maschinen reparieren und wenige, die sich Maschinen ausdenken können. Doch wie erfahren Eltern, wie viele IQ (Intelligenzquotient)-Punkte ihr Kind erreicht? 100 ist die Norm, unter 80 beginnt die geistige Behinderung und alles über 115 hebt einen weit über die Norm. Ein korrekt durchgeführter Hamburg-Wechsler-Intelligenztest (HAWIE) verhilft innerhalb von zwei Stunden zu Klarheit, bedarf allerdings der fachkundigen Hilfe einer Kinder- und Jugendpsychiaterin, bzw. deren Assistentin. Mit den progressiven Matrizen nach Raven geht es schneller und dieser Test ist nicht von erlerntem Wissen und Sprachverständnis abhängig. Die zeitliche Investition in solche Tests kann sehr sinnvoll sein, wenn eine ausgesprochene Diskrepanz zwischen Schulnoten und außerhalb der Schule beobachtbaren geistigen Leistungen besteht. Ansonsten sind Schulnoten bisher ein sehr verlässlicher Ersatz für klinische Intelligenztests gewesen, denn Noten dienten der

Zuordnung der Schüler in einer Klasse zu Leistungsgruppen. Ein Kind, das als eines von drei unter dreißig Schülern immer nur Einsen und Zweien in den Mathearbeiten ohne übermäßiges Üben oder gar tägliche Nachhilfestunden schreibt, gehört mit hoher Wahrscheinlichkeit zu den 10% klügsten Kindern seines Jahrgangs. Mit den sprachlichen Leistungen in Deutsch verhält es sich ähnlich, allerdings weniger trennscharf, weil Übungseffekte und die subjektiven Wertungen der Lehrer stärker egalisierende Wirkung entfalten können. Bei Töchtern ist zu bedenken, dass sie auf Grund eines biologischen Reifungsvorsprungs tendenziell bessere Noten gegenüber den gleichaltrigen Jungen erhalten, diesen Vorsprung aber nach der Pubertät verlieren und in der dritten Lebensdekade besonders in den mathematisch-technischen Fächern von den Jungen überholt werden. Leider verliert die Notengebung im deutschen Schulwesen ihre Funktion der Zuordnung zu einem Leistungsniveau immer mehr. Sie wurde in den Grundschulen in einigen Bundesländern bereits abgeschafft, weil Egalität angestrebt wird. In Bremen klagten Lehrer, dass Zeugnisse über einen qualifizierten Hauptschulabschluss regelrecht verschenkt wurden. Hier müssen Eltern sehr, sehr selbstkritisch vorgehen, was selbst Lehrern oft nicht mehr leicht fällt, wie das Beispiel meiner Patientin Eleonore K. zeigt.

Sie war in ihrer Ehe mit einem Studienrat ungewollt kinderlos geblieben und das Paar hatte kurz vor ihrem 40. Geburtstag in einem heroischen Akt ein zweijähriges Heimkind adoptiert, das von einem drogenabhängigen Vater mit einer alkoholkranken Mutter gezeugt worden war und im Gefängniskrankenhaus zur Welt kam. Für diese Adoptivtochter Mandy haben die zwei Studienräte nun alles, wirklich alles gegeben, was Eltern für ein Kind nur tun können. Schwere Symptome eines Aufmerksamkeitsdefizit-Syndroms mit

Hyperaktivität wurden durch psychopharmakologische Behandlung kaschiert und unendliches Üben an den Nachmittagen verhalf Mandy zu passablen Noten in der Grundschule und mit knapper Not zu einem Realschulabschluss an der integrierten Gesamtschule, was die Eltern ermutigte, das schon äußerlich durch Zeichen der Alkoholschädigung im Mutterleib auffällige Mädchen in eine reguläre Berufsausbildung zu schicken. Ein befreundeter Immobilienmakler erklärt sich nach langem Zureden bereit, sie als Auszubildende in der Immobilienwirtschaft in seiner Hausverwaltung einzustellen. Bereits nach zwei Monaten brachte die Mutter das Kind in meine Sprechstunde, weil es sich weigerte zur Arbeit zu gehen und aufgehört hatte zu essen. Während der Konsultation wurde sie immer wieder von Weinkrämpfen geschüttelt und die anwesende Mutter litt schrecklich. Ich konnte nur Arbeitsunfähigkeit attestieren und ein mildes Beruhigungsmittel rezeptieren. Der Immobilienmakler hat den Arbeitsvertrag in der Probezeit gekündigt. Eine formale Intelligenztestung zeigte einen IQ von nur 75 Punkten, womit ich eine leichtgradige geistige Behinderung attestieren konnte. Im Zahlenraum bis 100 konnte sie sich nicht sicher bewegen, also weder siebenmal acht noch dreimal siebzehn rechnen, was in krassem Widerspruch zu einem „ausreichend" in Mathematik auf ihrem Abschlusszeugnis stand. Auch in einem weiteren Anlauf wurde ihr Ausbildungsverhältnis zur Einzelhandelskauffrau in der Probezeit gekündigt. Über eine vom Arbeitsamt geförderte überbetriebliche Maßnahme konnte sie schließlich einen Abschluss als Hauswirtschafterin erlangen, danach aber auf dem ersten Arbeitsmarkt nie vermittelt werden. Nachtragen kann ich, dass Eleonore zwei Jahre nach der Adoption von Mandy unverhofft doch noch selber schwanger wurde und einen gesunden Sohn zur Welt brachte, der zur großen Freude seiner Eltern ein herausragender Schüler mit Einser-Abitur wurde und Psychologie studierte. Mandy lernte später während einer Fördermaßnahme *des Arbeitsamtes einen ebenfalls geistig behinderten jungen Mann kennen, den sie heiratete und in rascher Folge drei Kinder gebar, die alle der intensiven Betreuung durch das Jugendamt bedurften.*

Es sind die Mathematiknoten, die Eltern einen guten Anhalt hinsichtlich des geistigen Potentials ihrer Kinder bieten. Wenn in der Primarstufe einfache Textaufgaben und in der sechsten Klasse Dreisatzrechnung eine fast unüberwindbare Hürde darstellen, sollten Eltern ihre Ansprüche auf höchste Bildungsziele überdenken. Pendelt das Kind in der Sekundarstufe trotz angemessener Nachhilfe zwischen befriedigend und ausreichend, so sollte man sich ernsthaft Gedanken machen, wie es um die Chancen auf eine glückliche akademische Laufbahn für den Sprössling bestellt ist. Zum Glück im Berufsleben gehört auch, dass die Ausbildung Freude bereitet, und dazu muss sie dem Kind leicht fallen. Jugendliche werten das Prestige von Berufen hoch und reagieren sehr empfindlich auf die Reaktionen ihrer Freunde und Bekannten. Das kann dazu führen, dass sie Berufe ins Auge fassen, die jenseits ihrer Möglichkeiten liegen, um sich der Anerkennung in ihrer peer-group sicher zu sein. Mit Ach und Krach immer nur nach mehreren Anläufen gerade über die Hürde zu springen, zeugt von keiner guten Wahl und trübt die Lebensfreude in einem Alter, in dem junge Menschen sehr empfindlich auf Kränkungen reagieren, was sich z.B. auch in der hohen Rate schwerer depressiver Episoden unter Studenten niederschlägt. Während das Schweizer Schulsystem nur 25% eines Jahrgangs Hochschulreife attestiert, sind es in Deutschland 53%. Dabei liegt der Durchschnitts-IQ der Schweizer nicht unter dem der Deutschen. Wie wir später noch sehen werden, hängt nicht einmal das spätere Einkommen immer vom durch das Schulsystem zuerkannten Bildungsabschluss ab.

6. Charakterzüge für die Berufswahl richtig einschätzen

Mindestens so wichtig wie die Denkkraft (Intelligenz) ist der Charakter für die Berufswahl eines jungen Menschen. Verhaltensforscher sprechen von Persönlichkeit und haben fünf Persönlichkeitszüge identifiziert, von denen jeder verschieden stark ausgeprägt sein kann. Die Mischung entscheidet, wie erfolgreich und glücklich ein Mensch seinen Lebensweg durchschreitet.

1. Neurotizismus umfasst Verhaltensweisen wie soziale Befangenheit, Verletzlichkeit, Reizbarkeit und Neigung zu negativ-depressivem Denken, die vor allem durch das Angstniveau bestimmt werden, das ein Mensch in sich trägt.

2. Extraversion beschreibt die Außenorientierung, das Ausmaß an Geselligkeit, die Fähigkeit auf Menschen zuzugehen, Lebensfreude und Herzlichkeit.

3. Offenheit für Erfahrungen erfasst die Neugier, den Wissensdurst.

4. Gewissenhaftigkeit umfasst die Sorgfalt und Genauigkeit, mit der Aufgaben angegangen und gelöst werden.

5. Verträglichkeit meint die Kooperationsfähigkeit, das soziale Geschick im Umgang mit anderen Menschen, wobei zum englischen „agreeableness" auch die Sympathiewerte gehören.

Wie kommt ein Kind zu seinem Charakter? Die meisten Forscher messen erblichen Faktoren mit mindestens 50% Einfluss auf die Ausprägung der verschiedenen Persönlichkeitszüge den größten Effekt zu. Die Arbeitsgruppe von Prof. Spinath führt eine Langzeitstudie an 4000 Zwillingspaaren über zwölf Jahre durch, um den Einfluss von Genen und Umwelt auf das menschliche Verhalten zu untersuchen (TwinLife Studie). Spinath verweist auf das interessante Phänomen, dass Kinder mit zunehmendem Alter ihren Eltern charakterlich immer ähnlich werden und führt auch das auf genetische Wurzeln zurück. Einige neuere Zwillingsstudien taxieren den genetischen Anteil sogar zwischen 70 und 80 %. Leider scheint das auch für schlimme Charakterpathologie zu gelten, wie z.b. die antisoziale Persönlichkeitsstörung, die mit kriminellem Verhalten einhergeht und deren Vorboten man mitunter bereits im Kindergartenalter beobachten kann. Adoptionsstudien sprechen hier eine eindeutige Sprache. Einträge ins Strafregister Adoptierter korrelieren nicht mit denen ihrer sozialen Väter sondern mit denen ihrer biologischen, auch wenn diese keinen Einfluss auf ihre Erziehung nehmen wollten oder konnten. Donna Tartt hat in ihrem Bestseller „Der Distelfink" dieses Phänomen vererbter dunkler Charakterzüge eindrücklich beschrieben. Jugendliche befinden sich allerdings noch in einer Wandelphase, in der sich parallel zur Neuverdrahtung ihres Gehirns auch die Verhaltensweisen markant ändern können. Erst mit dem Ende der dritten Lebensdekade sind die fünf Säulenmerkmale ziemlich fest gefügt. Dennoch können aufmerksame Eltern durchaus wesentliche Charakterstärken oder –schwächen ihres Kindes im Vergleich zu den Altersgenossen frühzeitig identifizieren und bei der Berufswahl berücksichtigen. So sagt ein altes chinesisches Sprichwort: „Wer nicht lächeln kann, soll keinen Laden eröffnen." Das zielt auf die Faktoren Extraversion und Verträglichkeit. Tatsächlich sollte eine angehende Einzelhandelskauffrau auf Menschen zugehen können, gesprächig sein und mit hohen Werten auf der Verträglich-keits-/agreeableness-Skala gewinnend auftreten können. Nur wenn ihr das Spielen auf dem Klavier solcher menschlicher In-teraktionen leicht fällt, wird sie auf Dauer im Verkauf Freude haben und erfolgreich sein. Ein hohes Maß an Neurotizismus mit Sprechangst in der Öffentlichkeit und anderen sozialpho-bischen Verhaltensweisen wäre hier extrem hinderlich. Zwar lassen sich solche Ängste ein Stück beüben, was allerdings mit einer ständigen Anstrengung einhergeht, im schlimmsten Fall aufgesetzt und künstlich wirkt, eben nicht von Herzen kommt. Der geborene Verkäufer ist ein charmanter Menschenfischer, der seine natürlichen Anlagen z.B. im Außendienst ausspielen kann. Verkauft er Finanzprodukte, so kann er es mit einer Aus-bildung als Versicherungskaufmann zu beachtlichem Wohl-stand bringen. Carsten Maschmeyer hat das in seinem Buch „Selfmade. Erfolg reich leben" wunderbar beschrieben. Der Beruf des Versicherungskaufmanns ist auch ein gutes Beispiel dafür, dass ganz unterschiedliche Charaktere im selben Beruf ihren Platz finden können. Im Gegensatz zum Außendienst, der provisionsabhängig arbeitet, sind für den Innendienst an-dere Charaktereigenschaften wichtig, denn hier startet man als kleines Rädchen in einem großen Getriebe, dient sich über viele Stufen nach oben und ist immer vom Urteil der Teamleiter ab-hängig. Es sind weniger knallharte Zahlen, die ein Innendienst-ler als Beweise seiner Leistungsfähigkeit zu präsentieren hat, als vielmehr weiche Faktoren in der Teamfähigkeit, die über den Aufstieg in der Hierarchie der Angestelltenpyramide ent-scheiden. Hier sind Verträglichkeit und Gewissenhaftigkeit ge-fragt. Die Akten sind am Bildschirm peinlich genau und rasch zu bearbeiten. Man muss den Vorgesetzten täglich als belast-bare Arbeitsbiene zufriedenstellen, nicht mit den Kollegen aneinandergeraten und sympathisch sein, sodass der Chef einen gerne um sich hat und beim nächsten anstehenden Beförderungsschritt angenehme Erinnerungen mit dem jungen Mitarbeiter verbindet. Diese tägliche belastbare Präzision braucht der Außendienstkaufmann nicht erbringen, wenn er die Gabe in sich trägt, während der entscheidenden Minuten des Verkaufsgesprächs den Kunden zur Unterschrift unter den Vertrag zu verhelfen. Gelingt ihm das häufiger als seinen Kollegen, so wird ihn der Finanzkonzern dafür gut entlohnen. Im Außendienst wird nach Erfolg bezahlt, im Innendienst für Anwesenheit. Eltern werden also ihrer schüchternen Tochter, die sich nicht einmal traut in einer fremden Stadt nach dem Weg zu fragen, eher zum Innendienst raten, wo sie nicht jeden Morgen aufs Neue auf die Jagd nach Abschlüssen gehen muss.

Viele Berufe bieten ähnliche Möglichkeiten sich auch bei extremen Werten auf einzelnen Säulen des Fünf-Faktoren-Modells eine Nische zu suchen. Geradezu ein Paradebeispiel ist der Arztberuf, weshalb es unverständlich ist, dass als Zugangsvoraussetzung Empathiefähigkeit geradezu als unabdingbar eingefordert wird. Ein approbierter Arzt mit katastrophalen Neurotizismus- und Verträglichkeitswerten kann durchaus bei höchster Gewissenhaftigkeit ein gefragter Pathologe werden und bei herausragender Neugier und Wissbegierde ein erfolgreicher Grundlagenforscher. Mit einem abgeschlossenen Studium der Humanmedizin hätte er es als Forscher viel leichter an deutschen Universitäten eine Daueranstellung zu finden als Kollegen mit einem Abschluss in der Biologie. Selbst in den klinischen Fächern kann man emotionale Patientenkontakte z.B. als Röntgenfacharzt weitgehend vermeiden. Ein Laborarzt sieht so gut wie nie Patienten. Ein hochspezialisierter Neurochirurg spricht wahrscheinlich nicht einmal 5% seiner

Arbeitszeit mit Patienten, sondern operiert stumm stundenlang hochkonzentriert mit Blick durch das Mikroskop auf das Gehirn. Im Angestelltenverhältnis oder als Beamter braucht er keinen besonderen Charme zu entfalten, um auf seiner Position Ansehen und Achtung zu erhalten. Wählt er die Selbstständigkeit in eigener Praxis, ändert sich das ein wenig, denn falls es Konkurrenz am Ort gibt, entscheiden Offenheit und Verträglichkeit über den Patientenzulauf. Allerdings ist die ambulante Medizin weitgehend planwirtschaftlich organisiert, sodass echte Wettbewerbseffekt letzten Endes doch durch die Behörden wieder abgeregelt werden und daher Schwächen des Charakters ähnlich wie im öffentlichen Dienst wenig (finanzielle) Konsequenzen haben. Daraus lernen wir: Wettbewerb und Konkurrenz legen Charakterstärken und –schwächen offen, öffentlicher Dienst oder Beamtenstatus kaschieren sie eher.

Nun kommen wir zu einem ganz heiklen Thema. Was tun, wenn man bei seinen Sprösslingen sehr problematische Wesenszüge entdeckt? Problematisch wäre z.B. Sadismus. Lachen sie nicht, je nach Stichprobe geben 5 bis 25% aller befragten männlichen Wesen an, Spaß am Quälen von Tieren zu haben. Sollte eine Vorliebe für sadistische Videos, Literatur und grausames Verhalten gegenüber unterlegenen oder jüngeren Kindern klar hervortreten, so wären alle Tätigkeiten, in denen Männer z.B. als Gefängniswärter, Polizisten oder Soldaten Macht einschließlich körperlicher Gewalt über anvertraute Menschen ausüben können, sicher sehr kritisch zu sehen. Ähnlich verhält es sich, wenn Eltern zufällig auf dem PC ihres Sohnes Kinderpornographie entdecken. Sexualtherapeuten drängen hier auf absolute Verhaltensabstinenz und damit würden alle Berufe, die engen Kontakt zu Minderjährigen einschließen, wohl ausscheiden müssen.

7. „Mit dem Selbsterkundungstool zum passenden Studium" – wie hilfreich sind die Arbeitsagenturen?

2018 hat die Bundesarbeitsagentur einen ausgefeilten Selbstfindungstest ins Netz gestellt, der es Schülern ermöglichen soll, ein für sie geeignetes Studienfach zu finden. Für den online-Test sollte man etwa zwei Stunden einplanen und gut ausgeschlafen sein. Man findet ihn mit den Suchworten „Selbsterkundungstool Bundesagentur für Arbeit". Die Benutzeroberfläche ist makellos und die Programmierung dürfte die Bundesagentur einiges gekostet haben. Da die Nutzung völlig anonym mit einem Fantasie-Benutzernamen erfolgen kann, habe ich mich 45 Jahre jünger gemacht und losgelegt:

Zunächst musste ich meine angestrebte Hochschulzugangsberechtigung angeben (allgemeine Hochschulreife, Fachhochschulreife oder andere). Die belegten Grund- und Leistungskurse mit letzter Benotung in der gymnasialen Oberstufe trug ich wahrheitsgemäß ein, allerdings aus dem Jahre 1973 gezogen. Dann geht es im Modul „Meine Fähigkeiten" mit psychologischen Leistungstest zur Sache. Bei der Messung meiner Denkgeschwindigkeit mittels Kolonnen aus dreistelligen Zahlen, aus denen ich jeweils innerhalb von drei Sekunden die Zweithöchste aussortieren soll, lande ich unter den 1% Testteilnehmern mit der schwächsten Leistung – das Alter fordert seinen Tribut. Ein ähnliches Desaster erlebe ich im Test „Räumliches Denken", in dem mir 92% der Teenager überlegen sind. Auch bei den Mathematikaufgaben und in der Mustererkennung lande ich unter den 16% schwächsten Testteilnehmern, wobei alle diese Aufgaben unter Zeitdruck abgeleistet werden mit Blick auf die unerbittlich ablaufende Uhr. Nur im Textverständnis stecke ich 76% der Jungspunde locker in die Tasche. Nun war der vorgelegte Text auch ein Heimspiel, ging es doch um die Bologna-Reform im universitären Bereich. Ich hätte die meisten Fragen beantworten können, ohne den Text gelesen zu haben. Die übrigen Tests zur Erfassung der persönlichen Qualitäten sind keine Leistungstests, sondern fragen die Selbsteinschätzung betreff Sorgfalt, Kreativität, pädagogisches und handwerkliches Geschick oder Offenheit für neue Erfahrungen ab. Weiter geht es mit „Meine Interessen", „Meine beruflichen Vorlieben" und „Soziale Kompetenzen" – alles mit Selbsteinschätzungsskalen gemessen. Hier ziehe ich die Zeiger der Skalen für Interesse an Wirtschaft, Geographie, Gesellschaft, Kultur und Geschichte alle auf 100% und bekomme dann im Auswertungsmodul prompt als ideales Studienfach die Volkswirtschaft empfohlen. Oh je. Volkswirtschaft gehört zwar zu den Sozialwissenschaften, setzt allerdings bereits im Bachelor-Studium einen Schwerpunkt auf Statistik und basiert im Masterstudium und in der Forschung aktuell oft auf komplizierten mathematischen Modellen. Wie kann es zu so einer Empfehlung kommen, wenn der Kandidat bei der Matheprüfung glatt durchgefallen ist und auch im abstrakt-logischen Denken zu den Leistungsschwächsten seines Jahrgangs gehört? Ich kann es mir nur so erklären, dass der Algorithmus die angegebenen Interessen des Kandidaten massiv übergewichtet. Sonst hätte er mir einen Warnhinweis, eine rote Flagge zeigen müssen etwa in dieser Art: Achtung, deine Leistungen bei den psychologischen Tests decken sich nicht mit den von dir angegebenen Schulnoten. Hast du bei den Tests wirklich konzentriert arbeiten können? Gibt es besondere Umstände, die deine guten Schulnoten relativieren könnten? Lässt sich diese Diskrepanz nicht aufklären, so sprich mit deinem Schulpsychologen. Vermutlich wurde der Auswertungsalgorithmus so programmiert, dass er beruflichen Erfolg vor allem dort für möglich hält, wo Interessen und Motivation hoch sind („Mach das, was dich interessiert"). Dabei ist für Studienerfolg und *spätere Berufszufriedenheit häufig das Talent entscheidender („Mach das, was dir leichtfällt"). Somit ist dieses „Selbstfindungstool" der Bundesagentur nur bedingt nützlich. Empfehlenswert sind die psychologischen Leistungstests auf kognitive Fähigkeiten. Wer hier nicht zu den besten 25% gehört, der sollte sich sehr, sehr gut überlegen, ob er überhaupt ein anspruchsvolles Studium (MINT-Fächer Mathe, Informatik, Naturwissenschaften, Technik) aufnehmen sollte. Diese Tests helfen besonders denen, die ahnen, dass ihre guten Noten, z.B. aus der Oberstufe einer integrierten Gesamtschule in bestimmten Bundesländern, die im Ländervergleich durch Zensureninflation auffallen, ein Leistungsniveau vorgaukeln, das einer testpsychologischen Untersuchung nicht standhält.*

8. Alleinstellungsmerkmale nutzen

Da eine harte Selektion im deutschen Schulsystem nicht mehr stattfindet und die Zahl der Abiturienten mit einem Notendurchschnitt von 1.0 jedes Jahr fast um 10% zunimmt, verschiebt sich der Siebungsprozess in Bewerbungsgespräche und auf die Zugangshürden zu hochbewerteten Ausbildungsinstitutionen. Insbesondere für Kinder, die bei der Noteninflation nicht mithalten können, sollte man nach anderen Alleinstellungsmerkmalen suchen, die zum Hebel für den Einstieg in einen der heiß begehrten Berufe werden könnten.

Patrick betreute ich seit vier Jahren wegen einer Epilepsie und unter seinen Medikamenten war er anfallsfrei geworden, leider mit gerade noch durchschnittlichen Leistungen kurz vor dem Abitur an einer Gesamtschule. Epilepsie und Tabletten können einen negativen Effekt auf die Denkkraft ausüben. Der Vater war erfolgreicher Geschäftsmann in der Landmaschinenbranche, seine Mutter Spanierin, sodass Patrick bilingual aufwuchs und die Ferien regelmäßig bei seinen Großeltern in Barcelona verbrachte. Besondere Talente spürte er nicht in sich, hatte bisher von niemandem einen Anstoß erhalten, sich über seinen beruflichen Lebensweg ernsthaft Gedanken zu machen. Beide Eltern waren eben sehr, sehr beschäftigt. Immerhin konnte er seine Bilingualität in zwei Muttersprachen plus ordentlicher Englischkenntnisse als etwas Besonderes identifizieren und äußerte den vagen Wunsch, vielleicht Übersetzer oder Fremdsprachenkorrespondent zu werden. Nein, er habe keine Abneigung gegen Arbeit am Bildschirm und ich konnte ihm bestätigen, dass ein Büroberuf bei Epilepsie eine gute Wahl sei. Ein Fremdsprachenkorrespondent ist allerdings ein besserer Sekretär und Google nennt als Gehaltsspanne beim Berufseinstieg nach zwei Jahren Ausbildung 1700 bis 2300 €

brutto - zu wenig, um eine Familie zu ernähren. Dazu kommt die Sorge, dass in wenigen Jahren künstliche Intelligenz Maschinen zu perfekten Simultanübersetzern machen könnte. Wer zahlte im Büro deutlich mehr nach einer kaufmännischen Ausbildung? Die Banken. Nur hätte Patrick 2004 lange vor der Finanzkrise mit einem Notendurchschnitt von 3.5 auf dem Abiturzeugnis einer Gesamtschule bei deutschen Kreditinstituten wohl keine Chance gehabt. Da er die anstehenden Osterferien wieder bei seiner Großmutter in Barcelona verbringen wollte, gab ich ihm folgenden Rat: Spaziere dort einfach mal bei einer deutschen Bank ins Hauptgebäude und frage nach der Personalabteilung. Sag, dass du in wenigen Wochen in Deutschland Abitur machen wirst und durch die Geschäfte deines Vaters das Interesse an Wirtschaft und Finanzen bereits mit der Muttermilch aufgesaugt hättest. Dein zweiter Wohnsitz läge in Barcelona und in Spanien würdest du für die Zukunft auch deinen Lebensschwerpunkt sehen. Drei Monate später bekam ich einen Anruf von der Rezeption durchgestellt. Patrick wolle sich verabschieden, denn eine deutsche Bank wird ihn dual zum spanischen und deutschen Bankkaufmann in Spanien ausbilden! Drei Jahre später erhielt ich eine lustige Postkarte von der Ferieninsel Ibiza. Patrick war sofort nach der Ausbildung auf die Insel versetzt worden und zum Filialleiter aufgestiegen. Seine deutschen Kunden mochten ihn sehr.

9. Die richtige Schule finden

Welche Bedeutung Eltern der Wahl der Schule für ihre Kinder beimessen, kann man in Ländern beobachten, in denen es eine breite Palette von Bildungseinrichtungen in privater und öffentlicher Trägerschaft gibt. In Großbritannien richtet sich der Ruf einer Schule in erster Linie nach der sozialen Schichtung der Bevölkerung in ihrem Einzugsgebiet. Im Internet kann sich jedermann in Minuten über die durchschnittlichen Hauspreise und Versicherungsprämien für jede beliebige Straße im Land informieren und daraus auf den sozialen Status des Viertels Rückschlüsse ziehen. Über den Erwerb einer teuren Immobilie versuchen Eltern ihren Kindern die Beschulung in einer sozial homogenen Gruppe zu ermöglichen. Mitunter werden Kinder auf die Hausanschrift von Verwandten oder Freunden umgemeldet, was auch in Deutschland vorkommt. Etwa 10% der britischen Eltern wählen gleich eine Privatschule und bezahlen dafür monatlich (!) um die 1500 € Schulgeld, wofür sie meistens eine wesentlich bessere Betreuung ihrer Kinder erhalten als sie staatliche Gesamtschulen anbieten. Auch in der deutschen Schullandschaft zeichnet sich eine ähnliche Entwicklung ab. Durch die Erschaffung extrem inhomogener Klassen (Inklusion der Kinder mit geistigen Behinderungen und Verhaltensauffälligkeiten, rasante Zunahme der Kinder für die Deutsch nicht Muttersprache ist, jahrgangsübergreifender Unterricht) wird das Lerntempo deutlich verlangsamt. Die NDR-Reporterin Anja Reschke hat dazu eine preisgekrönte Dokumentation abgeliefert ("Lehrer am Limit", 2013, z.B. auf Youtube abrufbar). Eine vertiefte Langzeitbeobachtung bietet Thomas Binn mit seiner Reportage "Ich.Du.Inklusion" 2017. Beide Autoren sind „rechtem" oder gar „völkischem" Denken gänzlich unverdächtig. Seither ist es noch schlimmer geworden. Experimenteller Unterricht ohne wissenschaftliche Erprobung führt zu immer groteskeren Zuständen, für die die Kinder allerdings je nach Schule und Bundesland bitter büßen müssen, insbesondere wenn ein Schulwechsel wegen Umzugs anstehen sollte. Aber auch in einer Stadt existieren mitunter erhebliche Qualitätsunterschiede, denen verantwortungsbewusste Eltern auf die Spur kommen müssen. Im Internet kann man sich auf der Seite der Schulbehörde rasch einen Überblick verschaffen, welche Schulen am Ort existieren. Leider hörte dann die Transparenz bis vor kurzem bereits auf. Kennzahlen oder gar Leistungsstatistiken sind in Deutschland im Gegensatz zu Großbritannien unbekannt. Also muss man jede in Frage kommende Schule besuchen, sich einen ersten optischen Eindruck verschaffen und nach Informationstagen für Eltern fragen. Ein Blick in den Pausenhof gibt einen ersten Eindruck über die Zusammensetzung der Schülerschaft und vielleicht erfährt man die Namen der Lehrer, von denen manche zu informellen Auskünften bereit sein mögen. Bei Schulfeiern kann man mit Eltern ins Gespräch kommen und versuchen, etwas über die Qualitäten der einzelnen Grundschullehrerinnen zu erfahren. Denn wie lautet das ceterum censeo des neuseeländischen Bildungsforschers Hattie? Guter Unterricht steht und fällt mit der Persönlichkeit der Lehrerin. Gibt es am Ort Schulen in privater Trägerschaft, dann sollte man diesen besondere Aufmerksamkeit schenken, weil sie sich ihre Lehrer und in gewissem Umfang sogar ihre Schüler aussuchen dürfen, was meistens zu einer positiven Auswahl führt. Das in Deutschland geringe Schulgeld von 50 bis 150 € im Monat an Bekenntnisschulen kann sich als sehr, sehr gute Investition erweisen. Insbesondere die katholischen Schulen bieten einen festen Rahmen, der konservativ gesinnten Eltern angemessen erscheinen mag, die die mitunter ans Chaos grenzende Beliebigkeit so mancher bunter Staatsschule eher schreckt. Sind die Kinder katholisch, so haben sie einen Anspruch auf Einschulung. Bei anderen Konfessionen richtet sich der Zugang nach der Nachfrage und dem Verhandlungsgeschick der Eltern. Waldorfschulen sind etwas Besonderes. Wer der Anthroposophie Rudolf Steiners zuneigt, wird seine Kinder gut aufgehoben wissen. Die große Stärke dieser Schulen ist ihr erprobtes Vollinklusionskonzept, das in bewundernswerter Weise Kinder mit Handicap fördert. Beim Übergang von der Grundschule in die Sekundarstufe gilt es einiges zu beachten. Da die Mehrheit der Schüler bereits heute das Abitur anstrebt, ist das Gymnasium mittlerweile auch für Kinder mit einem eher mittleren Leistungsniveau (früher gute Realschüler) die Schulform der Wahl geworden und das Abitur Voraussetzung für viele attraktive Ausbildungsberufe. Hat das Kind das Potential, das früher einen mäßig guten Realschüler ausgemacht hätte, so sollte man es auf der integrierten Gesamtschule versuchen, um mit ein bisschen Glück am Ende doch noch ein Abiturzeugnis in der Hand zu halten.

10. Wie setzt man das zur Fokussierung neigende Gehirn Jugendlicher auf das richtige Gleis?

Es ist eine wenig beachtete Tatsache, dass in der Adoleszenz etwa ab dem 12. Lebensjahr „Leidenschaften" entstehen können, die das spätere Leben sehr nachhaltig prägen. Von Bill Gates wird berichtet, dass sein ganzes Denken ab dem 14. Lebensjahr um das Programmieren kreiste. Mit einer kleinen Clique von Nerds soll er sogar einen ersten illegalen Hack praktiziert haben, um an längere Programmierzeiten zu gelangen. Die gut situierten Eltern zahlten das Schulgeld für eine Privatschule, an der Bill seiner Leidenschaft nachgehen konnte und kauften die damals noch sehr teure Hardware. Eine gute Investition, die den Sohn zum reichsten Mann der Welt machte.

Wie anders haben sich doch die Eltern meines Patienten Manfred D. verhalten, den ich wegen eines therapieresistenten Phantomschmerzes nach Beinamputation über viele Jahre behandelte. Mit Bill Gates hat er den Geburtsjahrgang gemeinsam: 1955. Leider fand Manfred seine Leidenschaft als Sechzehnjähriger nicht im Programmieren, sondern in einer anderen Mode der frühen Siebziger Jahre, die für ihn blutig enden sollte: dem Motorradfahren. Während sein Klassenkamerad Holger von seinen Eltern zu Weihnachten den Kosmos-Lehrcomputer „Logicus" geschenkt bekam, saß Manfred auf seiner ersten gebrauchten „Mobylette", einem Mofa, das für 25 km/h gut war und ihm die bewundernden Blicke aller auf dem Schulhof sicherte. An Wochenenden wurde das Zweirad zerlegt, geölt und geputzt. Mit der Zahnbürste galt es jedes Sandkorn aus den Speichen zu entfernen und abends blätterte er in den Prospekten der Firmen Kreidler, Zündapp, Honda und Fichtel&Sachs, die die Sehnsucht der 16jährigen nach Motorisierung mit Kleinkrafträdern befeuerten. Manfreds Vater war Zimmermann, hatte sich selber als junger Mann verschuldet, um auf dem neuesten Modell „Adler" über die Landstraßen zu knattern. So war er nun fachkundiger Berater des Sohnes und unterschrieb alle Kaufverträge über die Feuerstühle, nachdem sich Manfred das Geld durch Zeitungsaustragen und Ferienarbeit zusammengespart hatte. Berg runter und mit Rückenwind waren die Kleinkrafträder für 100 km/h gut und führten Jungs aus einem bestimmten bildungsfernen Milieu zusammen. Schwarze Lederkleidung, lange Haare und Filme wie „Rocker" oder „Easy Rider" inspirierten die Gangs, die schon ganz nah am Rockermilieu operierten. Positive konstruktive Gruppenaktivitäten waren das sicher nicht und als mögliches Berufsbild wäre nur der Zweiradmechaniker in Betracht gekommen. So richtig zur Sache ging es dann mit Erwerb des Führerscheins für schwere Maschinen ab dem 18. Geburtstag. Nun verwandelte sich der öffentliche Straßenverkehr für Manfred in eine schier grenzenlose Rennstrecke. Ähnlich wie sich die abenteuerlustigen jungen Männer der Vätergeneration freiwillig als Soldaten gemeldet hatten, raste Manfred sich mit glühender Begeisterung um Kopf und Kragen. Drei Jahre ging das gut, bis in extremer Schräglage in einer langgestreckten Landstraßenkurve ein Trecker vor ihm einbog und Manfred weder bremsen noch ausweichen konnte. Der Aufprall bei Tempo 140 war derart heftig, dass er zweihundert Meter durch die Luft flog bevor er in ein abgestelltes Ackergerät krachte, das ihm das rechte Bein zerriss. Das 17jährige Mädchen auf dem Sozius hatte weniger Glück, denn ihr Schädel wurde am Treckermotor zerschmettert. An jenem sonnigen Samstag saß sein Freund Holger am Computer und schrieb seine ersten Programme. Holger hat später Physik studiert und für ein Max-Planck-Institut gearbeitet. Nach der Beinamputation stellten sich bei Manfred schwere Phantomschmerzen ein, die ihn sein ganzes Leben begleiten sollten. Im Rahmen der Psychotherapie kam sein Verhältnis zum Vater zur Sprache und Manfred haderte mit seinem

Schicksal, dass auch ganz anders hätte verlaufen können, wenn sich seine jugendliche Leidenschaft für Beschleunigung, Tempo und rasante Fahrt in der freien Natur auf einem anderen Zweirad hätte austoben können, nämlich einem Fahrrad. Er erinnerte sich noch an jede Stunde einer denkwürdigen Radwanderung, die der Vater mit ihm und seinem Bruder als Belohnung für gute Zeugnisse in den Sommerferien unternommen hatte. Die Räder wurden gründlich vorbereitet, Werkzeuge sortiert und in Packtaschen alles Notwendige für eine viertägige Fahrt an die Nordsee verstaut. Dann ging es los auf Wirtschaftswegen und einsamen Straßen dritter Ordnung bis das Gesäß schmerzte. Der Vater kannte sich gut aus mit Vogelstimmen, blühenden Sträuchern am Wegesrand und den Fußspuren der Tiere auf abgelegenen Truppenübungsplätzen. Reifenpannen wurden selbst behoben und sie übernachteten in kleinen Landgasthöfen. Die Tage verliefen für einen Dreizehnjährigen sensationell und in Gedanken fertigte er eine lange Liste von Verbesserungen am Rad an, die für eine nächste, längere Tour nützlich sein könnten. Leider kam es zu dieser nächsten, längeren Tour nie. Und mit dreizehn Jahren war Manfred zu jung, um alleine auf große Fahrt zu gehen. Vielleicht wäre bei weiterer väterlicher Unterstützung über die nächsten zwei Jahre ein passionierter Radwanderer aus ihm geworden. So verzichtete der Vater auf einen lenkenden Einfluss und überließ den Sohn den Einflüsterungen der Werbung und Mode.

Im nächsten Sommer gab es für den nun schon Vierzehnjährigen eine weitere Leidenschaft zu entdecken, das Segeln. Die Eltern eines Schulfreundes besaßen einen Katamaran und als in der Nähe die Flutung eines ehemaligen Tagebaus langsam einen großen See entstehen ließ, packten diese Eltern die Rümpfe des Katamarans auf einen LKW und bauten den Segler am Ufer des Gewässers zusammen.

Jede freie Minute verbrachten die drei Freunde von nun an auf dem Wasser und hatten einen Heidenspaß an der wilden Segelei, denn *offiziell war der See noch eine Baustelle. Als im nächsten Jahr die Kreisverwaltung Anleger und Stege bauen ließ, endete die große Freiheit. Man hätte Mitglied im Segelclub werden, Kurse für den Erwerb des Segel-A-Scheines belegen und Liegegebühren zahlen müssen. Das war den Eltern alles zu aufwändig und teuer und so wurde der Katamaran zerlegt und es war vorbei mit Wind, Tempo, Gischt und Wendemanövern.*

Manfreds Eltern hatten zu diesem Zeitpunkt ein hundert Jahre altes Fachwerkhaus erworben, das sie in Eigenleistung von Grund auf renovieren wollten. Sein Vater war ein begabter Handwerker und der Sohn hatte von ihm die Freude am Umgang mit Werkzeugen, Holz und Steinen geerbt. Warum der Vater den monatelangen Umbau nicht nutzte, um bei seinem Sohn die Freude am Handwerkern auszubilden, bleibt rätselhaft. Er ließ ihn ohne Erklärungen lediglich Mörtel in die Schubkarre schaufeln oder Steine die Treppe hoch tragen. Dabei war das Gebäude historisch interessant und er hätte alles üben können vom Lehmputz über Dachisolierung bis zum Einsetzen von Doppelfenstern. Lag es daran, dass er auf das Gymnasium ging und die Mutter auf keinen Fall wollte, dass er später im Leben einmal Steine klopfen müsste?

11. Auslandsjahr und Abenteuerlust

Möglichst während der Schulzeit, spätestens sofort danach und vor Beginn einer Ausbildung wünschen sich viele Eltern und Schüler ein Auslandsjahr. Doch absolvierten lediglich 18.500 deutsche Schüler ein solches 2013. An der Spitze stehen die Gymnasiasten mit 12.5%, gefolgt von 2.4% Realschülern und 2.1% Hauptschülern eines Jahrgangs. Mit anderen Worten, neun von zehn Schülern, die große Mehrheit, bleiben daheim, was vor allem an den hohen Kosten liegen dürfte. Müssen gute Eltern die letzten Euros zusammenkratzen, um ihren Sprösslingen nicht die Karriere zu vermasseln? Sicher nicht. Es gilt die Vorteile der Verbesserung von Fremdsprachenkenntnissen, Selbstständigkeit und interkultureller Erfahrung gegen die Nachteile abzuwägen. Gemeinnützige Organisationen und kommerzielle Anbieter stilisieren den Aufenthalt in den USA, Kanada, Großbritannien, Südamerika, Australien oder Neuseeland zu dem charakterbildenden Ereignis im Leben der meist 16 bis 17-Jährigen und verweisen stolz auf Nachbefragungen. Danach sollen tatsächlich 54 % der Austauschschüler später im Ausland studieren und 10 % ganz auswandern. Soll man als Eltern eine solche Wander- und Abenteuerlust befeuern? Die Kultusministerkonferenz hat in einer Untersuchung des Jahres 2012 ermittelt, dass nur 13 Prozent der Studienanfänger und 15 Prozent aller Studenten nicht in ihrem eigenen Bundesland oder an einem Hochschulstandort in der unmittelbaren Nähe ihrer Heimat studieren.

Benjamin kam nur sporadisch in meine Sprechstunde, wenn er mal wieder häufiger mit Migräne zu kämpfen hatte. Vor 17 Jahren allerdings brauchte er ein Rezept über eine große Vorratsschachtel seiner Medikamente, weil ihn die Rotarier für ein Jahr nach Argentinien vermittelt hatten. Damals sprach er kein Wort spanisch und kam in ein kleines Andendorf weit im Süden des Landes. Einige Monate später erschien die Mutter aufgelöst in der Sprechstunde, klappte ihr Notebook auf und bat mich, die Emails der letzten Wochen zu lesen. Benjamin beschrieb ein seit Wochen von der Außenwelt durch Frost und Schnee ziemlich abgeschnittenes Leben. Obwohl seine Gastfamilie materiell besser als die übrigen Dorfbewohner gestellt war, hatte das aus dünnen Wänden bestehende Haus keine Heizung und so verbrachten neun Hausbewohner den Winter gedrängt in der Küche vor einem elektrischen Heizstrahler und fast rund um die Uhr laufenden Fernseher. Da auch das Schulgebäude ungeheizt war, fiel der Unterricht für Wochen aus. Von Email zu Email klangen die Sätze trauriger und zuletzt ließen die Texte wenig Zweifel aufgekommen, dass Benjamin mindestens an einer mittelgradigen Depression litt mit Schlafstörungen, Appetit- und Gewichtsverlust, Traurigkeit, Weinen und Verlust jeglicher Lebensfreude. Wir haben gemeinsam E-Mail-Psychotherapie begonnen und ob nun meine Interventionen mittels kognitiver Verhaltenstherapie halfen oder eher das einsetzende Tauwetter, muss offen bleiben. Er hat überlebt, kam zurück, machte sein Abitur und hatte danach nur einen Wunsch: Sofort zurück nach Südamerika! Den Eltern war das gar nicht recht, denn mehrere Monate unterwegs mit dem Rucksack hätte alle Bewerbungsfristen und Auswahlverfahren blockiert. Deshalb verweigerten sie den Scheck für die Reisekosten. Benjamin hat einfach seine Großeltern weichgeknetet und ab ging die Post. Ich habe ihn erst sechs Monate später wiedergesehen. Er kam mit seinem Notebook in die Sprechstunde, musste mir unbedingt die heißen Storys seiner Expedition durch Bolivien, Peru, Kolumbien und Venezuela illustriert berichten. Dort hatte er oft seine Hängematte nachts in öffentlichen Parks ausgespannt und wurde

mehrmals ausgeraubt, einmal sogar von der Polizei, die ihm eine Ma-
schinenpistole in den Bauch drückte. Seine Augen glühten vor Begeis-
terung bei diesen Schilderungen und ich habe es nicht übers Herz ge-
bracht, mit ihm zu schimpfen. Sein Studium der Volkswirtschaft hat
er aber doch noch pünktlich an einer weniger bekannten Uni in den
neuen Bundesländern angetreten und sehr erfolgreich abgeschlossen.
Wo hat er seine Praktika abgeleistet? Natürlich in Caracas bei einem
Ananas-Großhändler und dort traf er eine wilde exotische Schönheit
mit stark indigenem Einschlag. Es war um ihn geschehen. Dauerhafte
Anstellung fand er dort nicht und so übersiedelte das junge Paar nach
Spanien. Mittlerweile hatten sie fünf Kinder. Den Schwiegereltern in
Caracas ging es schlecht und seine Mutter berichtete mir, dass enorme
finanzielle Belastungen entstanden seien. Beinahe jeden Monat trafen
die E-Mails aus Venezuela ein mit immer gleichem Wortlaut: Denkt
an die Geldüberweisungen! So war dem jungen Mann im Alter von
16 Jahren ein Floh ins Ohr gesetzt worden, der nachhaltig wirkte und
dazu führte, dass fünf Kinder ohne Unterstützung durch Großeltern
aufwuchsen, das Elend der dritten Welt den Kontostand der jungen
Familie auf Ebbe hielt und Familien über die Kontinente verstreut
vorwiegend elektronisch in verschiedenen Sprachen miteinander kom-
munizieren mussten.

Schöne neue, bunte Globalisierungswelt. Mittlerweile halte
ich Südamerika für ein gefährliches Pflaster, ungeeignet für
vulnerable junge Menschen in der Adoleszenz. Hier die Liste
berichteter unerwünschter Ereignisse nach Rückkehr von Aus-
tauschschülern aus Mexiko, Costa Rica, Panama, Kolumbien,
Peru, Chile, Brasilien und Argentinien: Tattoos, Rauschgiftkon-
sum, versuchte Vergewaltigung, Raubüberfälle, Unfälle mit
schweren Verletzungen, sexueller Missbrauch, totaler Schul-
ausfall in Staatsschulen. In afrikanischen Ländern, auch in

Südafrika, müssen Eltern ebenfalls mit einem erheblichen Risiko rechnen. Auch die USA sind immer wieder für Blutdruckkrisen bei den Eltern gut, wenn nachts plötzlich der Anruf kommt, den Sohn sofort ausfliegen zu lassen, weil eine Inhaftierung drohe. Der junge Mann hatte unvorsichtigerweise am „Sexting" teilgenommen, was bei Nacktfotos einer Dreizehnjährigen nach Anzeige durch die Eltern mit einer mehrjährigen Haftstrafe wegen sexuellen Missbrauchs von Kindern im nicht so lustigen US-Knast enden kann. Großbritannien und Irland sind eine vernünftige Option, wenn es Eltern um perfekte Englischkenntnisse geht. Warum so gut wie kein Austausch mit den uns am nächsten lebenden, wohlhabenden Nachbarn stattfindet, ist schleierhaft. Eltern, die die demographisch-politische Zukunft in der BRD kritisch sehen, sollten ihren Kindern vielleicht eher den Floh Schweiz oder Norwegen ins Ohr setzen, denn diese Länder stehen derzeit und wohl auch in absehbarer Zukunft mit ihren funktionierenden Sozialsystemen wirtschaftlich deutlich besser da als Deutschland. Eine ganz sichere Bank ist der Besuch angelsächsischer Internate in Großbritannien, Irland, USA, Kanada, Australien oder Neuseeland, weil sich dort nicht wie in Deutschland die Problemkinder der Reichen sammeln, sondern eine Mischung von Kindern aus aller Welt plus Einheimischen, deren Eltern dazu in der Lage sind, die horrenden Schul- und Internatsgebühren zu zahlen. Dafür wird ein Höchstmaß an Sicherheit und Erfahrung in der Förderung von Schülern geboten. Ziel dieser Einrichtungen ist es, möglichst vielen Schülern den Zugang zu den Elite-Universitäten zu ebnen. Das wird von den Eltern erwartet. Die Privatschulen stellen ihre Erfolgszahlen ins Internet, was es erlaubt die Chancen auf Oxford oder Cambridge abzuschätzen. Also können wir zusammenfassen: Wer seine Kinder loswerden und die

Enkelkinder nur einmal im Jahr sehen will, muss sie möglichst früh aus dem Nest schubsen und mit dem Fernweh-Virus infizieren.

12. Primäre und sekundäre Motivationen bei der Berufsfindung

Fragt man Erwachsene, wie sie ihre Berufswahl getroffen haben, so hört man nicht selten: „Zufall!" oder „ich bin da so rein gerutscht". Hakt man nach, so wird ein Knäuel aus verschiedenen Motivationssträngen berichtet, das nicht immer leicht zu entwirren ist. Vereinfacht ausgedrückt mischen sich oft primäre und sekundäre Motivationen (auch „innere" und „äußere" Motivation genannt), was wahrscheinlich auf die meisten Jugendlichen zutrifft. Viele Eltern und auch Berufsberater messen dagegen der primären Motivation eine herausragende Bedeutung zu („mach etwas, was dich interessiert"). Sekundärmotivation ergeht es ähnlich wie Sekundärtugend (Fleiß, Pünktlichkeit, Gewissenhaftigkeit). Primär motiviert wäre ein Mädchen, das große Freude am Umgang mit Kleinkindern findet und deshalb Erzieherin werden möchte. Ein junger Student der Wirtschaftswissenschaften, den allein die Aussicht auf ein siebenstelliges Jahreseinkommen dazu treibt, sich bei einer Investment-Bank zu bewerben, wäre sekundär motiviert, was von vielen Zeitgenossen abschätzig bewertet wird. Ideal ist tatsächlich eine berufliche Tätigkeit, die einem leicht fällt und dazu führt, dass man jeden Morgen gerne zur Arbeit fährt. Ein älterer Kollege berichtete, dass er auch im 70. Lebensjahr von seiner Arbeit als Psychiater nicht lassen könne. Er freue sich nach Aufgabe seiner Praxis auf die drei Tage in der Woche, an denen er als Honorarkraft einer medizinischen Fakultät Studenten Unterricht geben dürfe: „Ich würde es auch nur zu gerne tun, wenn ich keine Bezahlung erhielte. Dieser Kontakt mit den jungen Menschen und die Möglichkeit, ihnen von meinem Erfahrungsschatz etwas mitgeben zu können – das macht mich richtig glücklich." Wie anders klingt da die Schilderung eines Kollegen mit orthopädischer Praxis, den das Durchschleusen dutzender Patienten im Fünf-Minuten-Takt anödet: „Wenn die alten Leute sich zu langsam auskleiden, nervt mich das. Ich übe dann Schatten-Golfschläge hinter ihnen und bin gedanklich eigentlich immer auf dem Golfplatz."

Problematisch an der derzeit geübten Überhöhung der primären Motivation ist die Neigung zu sehr selektiver Wahrnehmung und extremer Fokussierung bei vielen Jugendlichen. Früher wurde über Berufswünsche wie „Feuerwehrmann", „Förster" oder „Lokomotivführer" gelächelt. Heute sind „YouTube-Star" oder „Tierärztin" Kandidaten für eine kritische Betrachtung.

Zu welchen exotischen Verengungen ein jugendliches Gehirn fähig ist, konnte ich an einem meiner jungen Migränepatienten beobachten. Der hochintelligente Junge entwickelt um die Zeit seiner Konfirmation eine extreme Fixierung auf Fische und Angeln, obwohl Angelsport unter Gymnasiasten eher wenig verbreitet ist. Über die nächsten zwei Jahre floss all sein Taschengeld in Aquarien und er konnte stundenlang Fliegenköder zum Forellenangeln basteln. Jahre später hat er mir dann berichtet, dass ihm mittlerweile seine Fisch-Manie rätselhaft vorkomme. Pünktlich mit dem 17. Geburtstag verlor er jegliches Interesse an tagelangen Campingaufenthalten an den Ufern norwegischer Flüsse im strömenden Regen. Da noch zwei Schuljahre anstanden, hatte diese Verengung seines Denkens keinen Effekt auf seine Berufswahl.

Anders erging es einem Patienten, der sich seit seinem 15. Geburtstag magisch von der Tuner- und Auto-Poser-Szene angezogen fühlte und fest entschlossen war, Automechatroniker zu werden. Das gemeinsame Anschauen einer Dokumentation über das allzu oft kriminelle Verhalten dieser jungen Männer hat den Sog leider noch verstärkt. Manche Jugendliche zieht das Verbotene, Illegale geradezu an. Auch ein Hinweis auf die sehr mäßige Bezahlung in mittelständischen Handwerksbetrieben fruchtete ebenso wenig wie die Konfrontation mit der Werkstattrealität einer durchgetakteten Routinearbeit, in der das Tuning von Motoren nie stattfindet. Die düsteren Zukunftsaussichten für die Hälfte der überflüssigen Mechatroniker bei einem Erfolg der Elektroautos hat er komplett ausgeblendet. Als Arzt, der nicht vom Fach ist, konnte ich wenig ausrichten, zumal der Vater ein eingefleischter Autofan war und dem Sohn einen alten Ford-Camaro zum 18. Geburtstag schenkte. Vielleicht hätte eine konzertierte Aktion der Eltern geholfen. Sie hätten das Auto Tuning als interessantes Hobby deklarieren, einen Kontakt zu Hobby-Schraubern herstellen und den Fokus auf Geldverdienen legen können, damit der Junge sich später die kostspieligen Ikonen des Automobilsports auch leisten könnte. Das scheiterte am Vater, der über seinen Sohn eigene Jugendträume ausleben wollte.

Wenig Beachtung finden die konkreten Umstände, unter denen eine bestimmte berufliche Arbeit stattfindet (Neudeutsch „setting"). Ob ich als Elektriker bei Volkswagen in einem Leitstand bei überwachender Tätigkeit praktisch für Anwesenheit sehr gut bezahlt werde oder in zugigen Rohbauten unter Termindruck in einem kleinen Handwerksbetrieb für schmalsten Lohn Kabel ziehen muss, macht einen großen Unterschied, auf den Eltern Jugendliche ausdrücklich mit der Nase stoßen müssen. Die soziale Sicherheit des öffentlichen Dienstes und der

Großbetriebe muss man ihnen detailliert erklären, weil das herzlich wenig mit primärer Motivation zu tun hat, vielmehr Arbeitsrecht und öde Finanzen berührt. Jugendliche blenden die Konsequenzen solcher „Settings" regelhaft aus und fokussieren auf ein äußerst schmales Segment möglicher Berufstätigkeit. Entpuppt sich diese extrem seltene Position (im Falle des Autotuners eine Festanstellung in einem Formel-I-Rennstall) als unerreichbar, so sind bittere Enttäuschung und vielleicht sogar der spätere Berufswechsel vorprogrammiert.

Wenn das heute hell überstrahlende Dreigestirn aus Individualismus, Autonomie und Mobilität jungen Menschen die Selbstverwirklichung im Beruf als ein Muss und für jeden erreichbar erscheinen lässt, dann sollten Eltern etwas auf die Bremse treten. Hilfreich ist es, die sekundären Motivationen mit dem Jugendlichen genau zu beleuchten, denn eine zunächst etwas öde erscheinende Ausbildung zur Sozialversicherungsfachangestellten kann sich in einem freundlichen Team ganz ohne Konkurrenzdruck und Leistungsvorgaben bei Gleitarbeitszeit und der Möglichkeit ohne Ärger Erziehungszeiten in Anspruch nehmen zu dürfen, als goldrichtige Wahl entpuppen. Handelt es sich um die Rentenversicherung oder eine der großen Krankenkassen, dann ist der Arbeitsplatz am Ort sehr sicher und eine junge Familie, die vielleicht gerade Wohneigentum erworben hat, wird nicht vor existentielle Entscheidungen gestellt, wenn z.B. die eigentlich ersehnte Arbeit als Reisebürokauffrau am Ort plötzlich nicht mehr gefragt wäre, weil der kleine Anbieter mit einem der großen der Branche fusionieren musste und sein lokales Büro schließt.

13. In die Fußstapfen der Eltern treten?

Bis in die zweite Hälfte des 20. Jahrhunderts war ein Sprichwort wie „Der Apfel fällt nicht weit vom Stamm" mehrheitsfähig. Einer der ganz großen französischen Denker des 16. Jahrhunderts, Michel Montaigne, hat es ohne jegliche Kenntnis moderner Genetik (noch nicht einmal die Existenz weiblicher Eizellen war ihm bekannt) aus seiner Alltagserfahrung heraus als eifriger Leser klassisch-antiker Literatur und durch Beobachtung seiner Sippe so formuliert:

"Wie unbegreiflich ist es zum Beispiel, dass dem kleinen Samentropfen, aus dem wir hervorgehn, nicht allein die Körpergestalt, sondern auch die Denkweise und die Neigungen unsrer Väter eingeprägt sind! Wie kann diese wässrige Winzigkeit eine solch endlose Zahl von Formen fassen? Und woher kommt es, dass sich dergleichen Ähnlichkeiten auf so völlig regellose und nicht vorhersehbare Weise darin fortpflanzen, dass der Urenkel seinem Urgroßvater gleicht, und der Neffe seinem Onkel?" (Michel de Montaigne ESSAIS, erste moderne Gesamtübersetzung von Hans Stilett, Die andere Bibliothek, Eichborn Verlag, Frankfurt am Main, 1998)

Goethe hat etwa 220 Jahre später sinngemäß geäußert: Es sei doch allgemein bekannt, dass man durch Erziehung und Künste an den von den Vätern ererbten Neigungen wenig ändern könne.

Botho Strauß beschreibt in seiner Novelle „Herkunft" minutiös und erstaunt, wie er mit zunehmendem Alter

Charakterzüge und Verhaltensweisen seines Vaters an sich entdeckt, die er als junger Mann sehr abschätzig betrachtete.

Wer den großen Denkern des Abendlandes an dieser Stelle Glauben schenkt, darf die nächsten zwei Seiten über den Streit zwischen Soziologen und Sozialbiologen überspringen.

Die alte biologisch-deterministische Sichtweise passte perfekt zu ständischen Gesellschaftsordnungen, geriet aber in den 70er Jahren des 20. Jahrhunderts zur verpönten Minderheitsmeinung. Mit Schwung hatten sich die sogenannten Behavioristen in der Verhaltensforschung die Meinungsführerschaft erobert, was zur angestrebten Utopie egalitärer Gesellschaften passte. Der Wunsch, alle Menschen mögen bitte mit sehr ähnlichen Talenten auf die Welt kommen, wurde von Gerechtigkeits- und Gleichheitsutopien angefacht und stieg zum Dogma auf. Man brandmarkte empirische Bildungs- und Verhaltensforscher als Biologisten. Diese hatten Unterschiede in den kognitiven Fähigkeiten des menschlichen Gehirns schon in früher Kindheit festgestellt, sie als erblich identifiziert und solche Unterschiede auch zwischen verschiedenen Ethnien gefunden. Zu was für bizarren Ergebnissen die erzwungene Durchsetzung der Gleichheitsutopie führte, konnte man in besonderer Weise in den kommunistischen Gesellschaften Osteuropas und Ostasiens beobachten, wo die Kinder kluger Eltern nicht zum Studium zugelassen wurden, Mao die Intelligenz drangsalieren ließ und Pol Pot mit seinen Roten Khmer gleich zum Klassenmord an der Intelligenz schritt.

Wie ausgeprägt die Hegemonie des antibiologischen Denkens dominiert, wurde mir bei einem abendlichen Gespräch mit einem befreundeten Zahnarztehepaar klar, die mir besorgt vom Kleinwuchs ihres sieben Jahre alten Sohnes berichteten. Er wäre der Kleinste in der Klasse und müsste sich allerlei Hänseleien gefallen lassen, von denen "mini-man" und "Zwerg" noch die harmlosesten seien. Sie fragten mich nach den Möglichkeiten des Einsatzes von Wachstumshormon. Ich teilte ihnen mit, dass Kinderärzte zunächst mit einer einfachen Formel die erwartete Körpergröße im Erwachsenenalter berechnen und dann einen Blick auf seine Wachstumsperzentile werfen. Ich addierte 158 cm Körpergröße der Mutter mit 166 cm Körpergröße des Vaters, teilte die Summe durch zwei und addierte für ein männliches Kind 6,5 cm: "168,5 cm - das ist Leons genetisches Potential!" "Größer wird er nicht werden? Soll das etwa heißen, dass kleine Eltern keine großen Kinder bekommen können?"

Dass der Mensch ein Säugetier ist und damit den Gesetzen der Vererbung unterworfen, scheint nur noch Tierzüchtern selbstverständlich zu sein, die durch Kreuzungen und Selektion nicht nur die Milchleistung der Kühe sondern auch die Charaktereigenschaften von Hunden und Pferden verändern konnten.

Da es mit den Mitteln der modernen Genetik nicht ganz einfach war, unwiderlegbare Beweise für die Erblichkeit von Intelligenz und Charakter zu produzieren, konnten die Behavioristen bis vor wenigen Jahren empirisch arbeitende Sozialbiologen (Prof. Jürgens, Prof. Volkmar Weiss, Prof. Heiner Rindermann) ignorieren. Einigen, wie Daniel G. Freedman von der Chicago-University, wurden sogar Wikipedia-Einträge verweigert. Der deutsche Journalist Dieter E. Zimmer, lange Jahre bei der Wochenzeitschrift *DIE ZEIT* tätig, hat sich verdient gemacht und diese aberwitzige Verweigerungshaltung vieler Pädagogen in seinem Buch „Ist Intelligenz erblich?" entlarvt. Als der amerikanische Verhaltensgenetiker Robert Plomin seine bahnbrechenden Ergebnisse zu Erblichkeit des Schulerfolgs 2015 publizierte, herrschte unter den Mainstream-Bildungsforschern entsetztes Schweigen, denn Plomin kalkulierte für die Varianz der Schulnoten eine Erblichkeit von mindestens 62%. Für seine Studie standen ihm 12 000 britische Zwillinge zur Verfügung, die im Rahmen einer von der Regierung finanzierten Langzeitbeobachtung seit Geburt beobachtet werden. Im Alter von 16 Jahren unterziehen sich alle britischen Schüler einer identischen Abschlussprüfung, dem GCSE-Examen. Plomin kalkulierte nun aus der Differenz zwischen den Leistungsunterschieden eineiiger und zweieiiger Zwillinge den genetisch bedingten Unterschied, denn beide Typen von Zwillingspaaren wachsen meistens unter sehr ähnlichen Umweltbedingungen auf. Die zweieiigen Zwillinge teilen allerdings wie Geschwister nur 50% ihres Genoms, die eineiigen fast 100%. So kann man aus diesem Naturexperiment heraus mit einer einfachen mathematischen Formel den erblichen Anteil unterschiedlicher Prüfungsergebnisse berechnen. Plomin kalkulierte für Intelligenz 50% und für erbliche Charaktereigenschaften wie Sorgfalt und Neugier 24%. Während der anschließenden weiteren schulischen Bildung im College (Oberstufe) und Studium sollte der erbliche Anteil an Leistungsunterschieden stärker hervortreten, weil Intelligenz mit zunehmendem Alter immer weniger von der Umwelt und immer stärker von den Genen bestimmt wird.

Plomins Leistungen haben die Behavioristen sogar dazu gebracht, das Zwillingsstudienmodell als Ganzes in Frage zu stellen. Sie fordern den Nachweis einzelner Gene als Beweis für die

Erblichkeit geistiger Fähigkeiten. Ihnen konnte geholfen werden. 2013 konnten Forscher um Rietveld erstmals einen Satz solcher Gene (polygenetischer Score) identifizieren. Neuseeländische Wissenschaftler beobachten seit 1973 in der Dunedin-Studie 1037 damals geborene Menschen und testen z.B. auch auf Intelligenz, Schulerfolg und Einkommen. Aus Blutproben wurde später das gesamte Genom der Studienteilnehmer typisiert und jüngst bei 918 Studienteilnehmern mit dem Bildungsgang, beruflicher Karriere und aktuellen erzielten Jahreseinkommen verglichen (Daniel W. Belsky, 2016, The genetics of success). Die Forscher können einen Satz von Genen (polygenetischer Score) benennen, der bereits bei der Geburt eines Säuglings voraussagt, wie viel Geld er dreißig Jahre später verdienen wird. Der Zusammenhang ist noch schwach, aber statistisch signifikant, was man in der Forschung „Beweis für das Prinzip" nennt. Der amerikanische Verhaltensgenetiker Kenneth Kendler findet ähnliche Zusammenhänge an der riesigen Stichprobe aller Schweden für Charaktereigenschaften und psychische Störungen wie Alkohol-, Drogen- und Medikamentenmissbrauch. Kendler macht sich die fehlende Angst der Schweden vor Datenmissbrauch zunutze, denn jeder Schwede bekommt bei Geburt eine Identifikationsnummer zugewiesen, die ihn sein gesamtes Leben im schwedischen „Volksheim" begleitet. Kendler kann auf die Datenbanken des staatlichen Gesundheitswesens, der Justiz, der Meldeämter und Sozialämter zugreifen und für absteigende Verwandtschaftsgrade vom eineiigen Zwilling bis zum Cousin x-ten Grades Erblichkeitsberechnungen anstellen. Dabei kommt er auf Erblichkeitsprozente von 40 bis 80% für verschiedene psychische Phänomene, z.B. 73% Erblichkeit von Medikamentenabhängigkeit bei Frauen. Inzwischen hat die DNA-Diagnostik derartige

Fortschritte gemacht, dass man von kommerziellen Unternehmen für bereits kaum mehr als 100 Euro sein genetisches Profil für verschiedene körperliche und psychologische Dispositionen im Vergleich zu großen Bevölkerungsgruppen bestimmen lassen kann. Man erfährt so etwas über die eigene Veranlagung zu Übergewicht, Diabetes, Herzinfarkt, Depression oder Schizophrenie. Mittlerweile sind die Vorhersagewerte dieser polygenetischen Scores derart abgesichert, dass sie besser sind als z.B. der Vorhersagewert der zu erwartenden Körpergröße von Kindern aus der bisher gebräuchlichen Formel, die auf der Körpergröße beider Elternteile basiert. Auch der Vorhersagewert für den Schulerfolg aus der DNA eines Kindes ist besser als der, der mit dem Bildungserfolg der Eltern kalkulierte. Die Ausprägung von Charakterzügen wie z.B. Ängstlichkeit oder Depressivität lässt sich damit quantifizieren. Robert Plomin hat die aktuellen Forschungsergebnisse in seinem Buch „Blueprint: How DNA makes us who we are" 2018 zusammengefasst und beleuchtet die Möglichkeiten, die sich für ein bestmögliche individuelle Förderung von Kindern ergeben, wenn man die Quantität ererbter Talente in Bildungspläne einbezieht (mit der Natur und nicht gegen sie).

Was können Eltern nun für Schlussfolgerungen aus der hohen Erblichkeit geistiger Fähigkeiten für ihre Kinder ziehen? Hatten beide Eltern in der Schule zu kämpfen, schlossen mit einem mäßigen Hauptschulabschluss ab und kamen mit ihrer späteren Berufsausbildung zur Kauffrau im Einzelhandel und zum Berufskraftfahrer gut durch ihr Leben, so sollten sie sich nicht durch die Propaganda mancher Bildungspolitiker verrückt machen lassen, die jedes Arbeiterkind zum Hochschulabschluss führen wollen. Bringt das Kind in der Grundschule nur mäßige Leistungen und sackt es in der Sekundarstufe ins untere Drittel, so wäre ein Ausbildungsziel weit über dem Niveau der Eltern sicher kritisch zu betrachten. Man tut Kindern durch zu hoch gesetzte Ziele keinen Gefallen. Leider können sich Eltern bei der Inflation der Zensuren nicht mehr auf die Vorhersagekraft der Schulnoten verlassen. Wer früher ein mittlerer Realschüler war, ist heute ein mäßiger Abiturient. Wer einen Schulpsychologen oder Jugendlichen-Psychiater kennt, der kann um einen formalen Intelligenztest (Hamburg-Wechsler und für Schüler mit geringen Deutschkenntnissen Progressive Matrizen nach Raven) bitten und sich erklären lassen, wo das Kind mit seinen Leistungen in der Altersvergleichsgruppe steht. Intuitiv davon auszugehen, dass die leiblichen Kinder in etwa das erreichen können, was die Eltern geschafft haben, ist aus Sicht der Sozialbiologie bezogen auf Gruppen vernünftig, wobei es immer individuell Ausnahmen nach oben und unten gibt. Wenn sich die genetische Ausstattung der Ahnen in einem Berufsfeld über Generationen erfolgreich bewährt hat, dann ist die Wahrscheinlichkeit hoch, dass es mit der Übernahme des elterlichen Hofes in der x-ten Generation auch klappen sollte.

Fälle, in denen begabte Kinder aus "bildungsfernen" Elternhäusern durch unser Schulsystem regelrecht ausgebremst werden, dürften selten sein. In Deutschland werden weder Schul- noch Studiengebühren an den Staatsschulen erhoben. Geringverdiener brauchen für Kita-Plätze nicht zu zahlen und ihre Kinder hatten 2018 Anspruch auf 735 Euro pro Monat, wenn sie sich für ein Hochschulstudium entscheiden. Lehrern wird eine "Robin Hood"-Mentalität nachgesagt, will heißen, ihr Herz schlägt für Unterprivilegierte. Ein Schulsystem, dass sich sogar die Beschulung von geistig schwer behinderten Kindern auf Gymnasium wünscht, selektioniert nicht gegen "Arbeiterkinder". Im Gegenteil. Von sogenannter "positive Diskriminierung" profitieren z.B. in den USA Afroamerikaner gesetzlich festgeschrieben und in Deutschland gibt es bereits Studienergebnisse, die zeigen, dass Migranten beim Eintritt in den Arbeitsmarkt auf Positionen eingestellt werden, für die sie nicht die formalen Qualifikationen nachweisen müssen, die von einem Einheimischen verlangt werden. Das Bildungssystem in Deutschland ist seit dem Zweiten Weltkrieg immer so durchlässig gewesen, dass begabte, ehrgeizige Unterschichtkinder den Weg nach ganz oben schaffen konnten. Beispiele sind Altkanzler Gerhard Schröder (Mutter Raumpflegerin) oder Siemens-Chef Joe Käser (Vater Schichtarbeiter). Wenn es an Talenten mangelt und Ehrgeiz fehlt, dann setzten Eltern aus dem Bürgertum allerdings mehr Hebel in Bewegung als "bildungsferne" Eltern. Zu untersuchen wäre, ob man solchen weniger ehrgeizigen Kindern tatsächlich einen Gefallen tut, wenn man sie maximal unter Druck setzt, um Schulabschlüsse und Berufsziele zu erreichen, für die sie nicht ausgestattet sind.

14. Die Ressourcen der Verwandtschaft nutzen

In Deutschland sprechen Berufstätige selbst innerhalb ihrer Familien ungern über ihr Einkommen. Selten erhalten Jugendliche von nahen oder entfernten Verwandten detaillierte Insider-Informationen aus deren Berufsalltag, insbesondere nicht über Geldflüsse und Privilegien, die hinter vorgehaltener Hand im Flüsterton kommuniziert werden. Dabei kann der junge Mensch nur so hinter die oberflächlichen Kulissen der offiziellen Berufsberatung schauen. Es ist doch eine wichtige Information von einem betagten Oberstudienrat zu erfahren, dass alle angeblichen Verschärfungen im Umgang mit der „unterrichtsfreien Zeit" zumindest an seiner Berufsschule am Faktum der 60 Tage unterrichtsfreier Zeit im Jahr nichts geändert haben und durchschnittlich 21 Tage zusätzlicher Arbeitsunfähigkeit unter seinen Kollegen üblich sind. Vom Großonkel zu hören, dass er als Amtsrichter selten mehr als 14 Stunden in der Woche über seinen Akten oder im Verhandlungssaal brütet und mitunter tagelang überhaupt nicht im Gerichtsgebäude anwesend sein muss, verhilft zu Intimkenntnissen des real existierenden Berufslebens, die niemals in BERUFENET auftauchen. Eltern sollten deshalb frühzeitig danach trachten, die Ressourcen der Verwandtschaft anzuzapfen. Ist es wirklich zu indiskret, wenn ein Neffe den Onkel nach Details aus seinem Berufsleben befragt oder ihn gar einen Tag begleitet? Ich erinnere die denkwürdige Schilderung eines Kollegen, der seinen Bruder erstmals im Leben für ein Gespräch über Verbesserungsmöglichkeiten in kommunalen Schulen an seinem Arbeitsplatz, einer Berufsschule, aufgesucht hatte. Innerhalb von

61

120 Minuten hat er mehr über die real existierende deutsche Schulverwaltung erfahren als während seiner eigenen Schuljahre und durch Lektüre von Bildungsberichten. Die Amerikaner nennen es „hands on experience" und davon erhalten deutsche Schüler viel zu wenig. Der Vorteil der Verwandtenschiene liegt im wohlwollenden Charakter eines solchen Arrangements. Aber auch gute Freunde und Bekannte werfen sich eher für den Sprössling ins Zeug als sie das für völlig Fremde tun. Bei aller Überhöhung der Autonomie des Individuums bleibt es eine Tatsache, dass viele junge Menschen gerne an die Hand genommen werden, wenn es in einer non-direktiven, heiteren Atmosphäre stattfindet. Dabei machen allerdings viele Ältere einen Fehler: Sie vermeiden Extreme, lassen unschöne Aspekte weg und versuchen den Jugendlichen eine milde Version ihres Berufsalltags zu präsentieren. „Beschönigung" gehört zum Zeitgeist. So habe ich mich selber dabei ertappt, meine eigene Arbeit als freiberuflicher Arzt vor meiner 16 Jahre alten Nichte in ein positives Licht zu rücken und die Freude am Gespräch mit den Patienten, die gute Vereinbarkeit mit einem Familienleben und die Möglichkeit sesshaft bleiben zu dürfen herausgestrichen. Dass die behördliche Kontrolle planwirtschaftliche Züge angenommen hat und sich die Einkommen meiner Fachgruppe innerhalb der letzten dreißig Jahre kaufkraftbereinigt fast halbiert haben, mochte ich nicht erwähnen, um keine schlechte Stimmung aufkommen zu lassen. Jugendliche sind oft einsilbig oder gar depressiv. Da fühlt man sich animiert, gute Laune zu verbreiten. Ein realistisches Bild des Berufslebens entsteht dadurch natürlich nicht. Nur für meine eigenen Töchter habe ich immer einmal wieder Arbeitseinsatz in meiner Praxis organisiert. Anfangs als Hilfskraft im Schreibbüro mit fester Entlohnung pro getipptem Arztbrief, später als Aushilfe

an der Anmeldung und während des Studiums als Praktikantin mit Patientenkontakt. Als es nach dem Studium um die Wahl der Facharztausbildung ging, habe ich den Kindern auch Einblick in meine Einnahme-Überschuss-Rechnung gewährt und sie diese mit den ausgewiesenen Zahlungen der kassenärztlichen Vereinigung an andere Facharztgruppen vergleichen lassen, die alle drei Monate im lokalen Ärzteblatt veröffentlicht werden. Wer muss für welches Geld wie viel arbeiten? Dies scheint mir eine zentrale Frage zu sein, die öfter in Familien diskutiert werden sollte. Nachdem sich meine Tochter entschieden hatte, das Fachgebiet ihrer Mutter zu wählen, habe ich sie darüber informiert, dass eine Kinder- und Jugendpsychiaterin mehr als dreimal so viel Geld wie eine Erwachsenen-Psychiaterin von den Krankenkassen überwiesen bekommt. Sie hat es interessiert zur Kenntnis genommen, sich aber gegen die Kinderpsychiatrie entschieden. Mir hatte vor dem Staatsexamen niemand auch nur ein Sterbenswörtchen über die grotesk verzerrte Einkommenshierarchie unter Ärzten erzählt. In einer spätkapitalistischen liberalen Marktwirtschaft sind solche bizarren Unterschiede der Einkommen eher die Regel denn die Ausnahme. Bereits ein „kleiner" Beamter kann sich auf eine doppelt so hohe Pension freuen im Vergleich zur Angestelltenrente bei ähnlichem Erwerbseinkommen. Jeder höhere Beamte ist bereits beim Eintritt in den Dienst Deutsche- Mark-Millionär über seine späteren Pensionsansprüche. Auch das sollten junge Menschen wissen. Ferienjobs sind eine ganz ausgezeichnete Möglichkeit, die Realitätsprüfung von Jugendlichen zu schärfen. Nur ganz, ganz wenige Schüler und Studenten suchen sich heute eine solche Anstellung selber. Die große Mehrheit ist durch Taschengeld derart luxuriös versorgt und verliebt ins

„Chillen", dass bezahlte Arbeit während der Ferien einfach "uncool" geworden ist.

15. Ausbildung oder Studium?

Grundsätzlich sollten Eltern ihren Kindern helfen, ihr Potential auszuschöpfen. Die Probleme beginnen allerdings bereits mit der Abschätzung des Potentials einer Sechzehnjährigen. Natürlich fallen alle Entscheidungen leicht, wenn der Sprössling bereits mit fünf Jahren als musikalisches Wunderkind alle Musiklehrer begeistert oder mit vierzehn Jahren Mathematikwettbewerbe gewinnt. Oder die Tochter verbringt seit Jahren ihre gesamte Freizeit auf dem Pferdehof und kann sich ein Leben ausschließlich als Pferdewirtin vorstellen. Die meisten Kinder präsentieren sich allerdings ohne solche Ausnahmetalente. Seitdem Soziologen und viele Lehrer, besonders die jungen, davon ausgehen, dass alle Schüler prinzipiell über die gleichen geistigen Möglichkeiten verfügen, haben Bildungspolitiker die Siebungsfunktion im Schulsystem heruntergefahren und eine Noteninflation in Gang gesetzt, die früher gute Realschüler zu heute exzellenten Abiturienten macht und damit schon der Hälfte eines Jahrgangs zu einer Hochschulzugangsberechtigung verhilft. In Frankreich sind es bereits 80% der Schüler. Die Hochschulen haben darauf reagiert und bieten mittlerweile über 2000 verschiedene Bachelor-Studiengänge an, durch die sie möglichst viele Studenten zu möglichst geringen Kosten schleusen können. So viele potentielle Akademiker braucht kein Land der Erde. Insbesondere in Studiengängen, die zu keinem traditionellen Berufsabschluss führen, besteht eine hohe Gefahr von fehlender Beschäftigung im Fach. Soziologen und Historiker im Call-Center gibt es in Berlin tatsächlich. Gleichzeitig können viele Ausbildungsplätze bereits heute nicht mehr besetzt werden. Dennoch allen Schülern pauschal zum Studium zu raten, wie es die Bildungsforscher der OECD mit Verweis auf die geringe Arbeitslosenquote bei Akademikern seit Jahren tun, ist sicher nicht klug. Es kommt auf die ganz spezielle Eignung des einzelnen Schülers an. Nur um überhaupt zu studieren und irgendeinen Bachelor zu erwerben Jahre überfordert an einer Universität zu leiden, kann in einer herben Enttäuschung enden und die wichtigen Jahre Anfang zwanzig vergeuden.

Andreas S. war mir von seiner Hausärztin überwiesen worden, nachdem eine zweimalige komplette internistische Abklärung mit Magenspiegelungen keine Ursache für seine starken Oberbauchschmerzen erbracht hatte. Der aufmerksamen Hausärztin war seine depressive Stimmungslage und Ängstlichkeit nicht entgangen. Dabei war Andreas ein Bär von einem Mann mit Vollbart und neunzig Kilo Körpergewicht. Sein Vater hatte mit einem Hauptschulabschluss Einzelhandelskaufmann gelernt und leitete seit Jahren einen Supermarkt. Die Mutter war Altenpflegerin. Andreas hatte auf einer Gesamtschule einen Notendurchschnitt von 3,3 im Abitur erzielt und sein Vater sah ihn als Manager im Handel, jedenfalls mindestens zwei Ebenen höher als er selber. Der Vater befand sich ebenfalls wegen psychosomatischer Beschwerden bei seiner Hausärztin in Behandlung. Als Filialleiter war er jede Woche sechzig Stunden im Einsatz und nie über ein Jahresgehalt von 50 000 € brutto hinausgekommen. Seinen Sohn hätte er gern in der Zentrale des Handelsriesen als Abteilungsleiter oder gar ganz oben an der Spitze gesehen. Der richtige Weg dorthin schien ihm über ein Studium der Betriebswirtschaft zu führen. So hat sich Andreas für BWL an einer Hochschule ohne Zulassungsbeschränkungen eingeschrieben und drei Jahre lang gekämpft. Mathe und Statistik blieben für ihn ein Buch mit sieben Siegeln.

Dabei hat er alle Nachhilfemöglichkeiten und kleinen Tricks genutzt. Dennoch wollte es auch im dritten Anlauf mit den Klausuren nicht klappen. Als er mir von seinen Höllenqualen in den Seminaren berichtete, fühlte ich mich in meinen eigenen Kursus Biomathematik zurückversetzt, ein Nadelöhr, das viele Mediziner nur mit ganz langen Stielaugen während der Klausur passieren. Während weniger Therapiestunden wurde schnell klar, dass Andreas ein angenehm bescheidener junger Mann war, der eher die sympathische warme Art seiner Mutter in sich trug und sicher nicht als Stellvertreter für seinen Vater Karriere machen wollte. Nun im Studium die Segel zu streichen, den Diplomkaufmann aufzugeben, erschien eher für seinen Vater eine Blamage zu sein. Ich riet ihm, noch während des laufenden Semesters bei potentiellen Arbeitgebern vorzusprechen und dabei sein Grundinteresse an kaufmännischen Berufen und seine kleinen Leidenschaften zu berücksichtigen. Seine Freizeit verbrachte in einem Oldtimer-Club, der amerikanische Schlitten zu chromblitzenden Schönheiten restaurierte. Mir war aufgefallen, dass Andreas ein schöner junger Mann war, sich attraktiv zu kleiden wusste und Menschen wohl rasch für sich gewinnen konnte. Da habe ich ihm mit auf den Weg gegeben, er möge mal sein Talent als Verkäufer ins Spiel bringen. Tatsächlich ist er bei mehreren Autohäusern vorstellig geworden, hat dann allerdings bei einem großen Versicherungsmakler einen Ausbildungsvertrag unterschrieben. Jahre später habe ich ihn in einem Mercedes-Cabriolet an einer Ampel gesehen. Sein modischer Anzug passte ebenso gut zu ihm wie die junge Blondine mit riesiger Sonnenbrille.

Schätzt man die Motivation und Denkkraft seines Kindes als eventuell zu niedrig für ein Studium ein oder reicht objektiv die Abiturnote für einen Studiengang nicht aus und es entstehen Wartezeiten, dann sollte man an eine Ausbildung denken, die die Möglichkeit zur Selbständigkeit offen hält für den Fall, dass der Sprössling noch einen Motivationsschub oder charakterliche Nachreifung erfahren sollte, wie das bis zum 25. Lebensjahr nicht selten der Fall ist. Beispielhaft wäre es demnach, eine Ausbildung zur Physiotherapeutin/Zahntechnikerin der zur Medizinische Fachangestellten während der Wartezeit auf einen Medizin-/Zahnmedizinstudienplatz vorzuziehen. Auch eine Ausbildung beim Finanzamt führt manche später noch in die Selbständigkeit als Steuerberater. Für einen Polizisten oder Kriminalbeamten tut sich ein solcher Weg selten auf. Erkennen Eltern bei ihren Kindern etwas Rebellisches, Unternehmungslust und Tatendrang, dann sollte man auf solche Exit-Möglichkeiten besonders achten. Ist gar, wie bei Jungen nicht selten, eine ausgeprägte Neigung zu oppositionell-trotzigem Denken und Verhalten zu beobachten, dann geht es auf Dauer in Beamtenhierarchien selten gut. Wohl dem Trotzkopf, der seinem Amtsleiter die Akten vor die Füße knallen kann mit dem Kommentar: „Und tschüss, ich mach mich selbständig!"

16. Soziale Aufsteiger

Was sollten Eltern, die selber nach ihrem Hauptschulabschluss eine Berufsausbildung abgeschlossen hatten, heute bedenken, wenn sie sich entschließen, ihr Kind auf ein Gymnasium zu schicken, um ihm danach ein Studium zu
ermöglichen?

Vielleicht *das* zentrale Anliegen „progressiver" Gesell-
schaftspolitik in den letzten 150 Jahren war es, die Schranken,
die für Kinder aus den unteren Schichten im Bildungssystem
existierten, zu beseitigen und sozialen Aufstieg für alle durch
Bildung zu ermöglichen. Innerhalb der letzten fünfzig Jahre ist
dieses Projekt derart erfolgreich gewesen, dass bereits über er-
kennbare Negativeffekte diskutiert wird. Prof. Julian Nida-Rü-
melin nennt es den „Akademisierungswahn" und meint damit
die Überbewertung akademischer Bildung bei gleichzeitiger
Abwertung einer durch praktische Berufsausbildung gewon-
nenen Qualifikation. Was dabei vollständig ausgeklammert
wird, sind die emotionalen Verwerfungen, denen soziale Aufsteiger ausgesetzt sind. Der französischen Soziologe Pierre
Bourdieu ist darauf in seinem Buch „Die feinen Unterschiede"
eingegangen. Ausdrücklich erwähnt er die Musik als Mittel,
mit dem sich die gesellschaftlichen Klassen voneinander ab-
grenzen.

*Wie das in der Praxis funktioniert, erfuhr ich von einem Kollegen,
der als erster Sohn einer Arbeiterfamilie vom Dorf in den 60er Jahren
auf das Gymnasium in der Nachbarstadt geschickt wurde. In unserer
Selbsterfahrungsgruppe hat dieser Kollege durch die knappe*

Schilderung einer Musikunterrichtsstunde viel über sich preisgege-
ben. Sein Vater war als Dachdecker ein gutmütiger, zufriedener
Mann. Die Mutter war als Teenager ungewollt schwanger geworden
und ohne höheren Schulabschluss, ohne Berufsausbildung von gro-
ßem Ehrgeiz beflügelt. Sie konzentrierte sich als Hausfrau ganz auf
die Förderung ihres Sohnes, wozu auch das Erlernen eines Musikin-
strumentes gehörte. Ihr selber war das verwehrt worden. So kaufte sie
ein für die schmale Familienkasse sündhaft teures Hohner-Akkordeon
und der kleine Jürgen erhielt jede Woche Einzelunterricht bei einem
verkrachten Tanzmusiker. Er wurde täglich zum Üben von Volkslie-
dern, Schlagern und Operettenmusik angehalten, was bitter nötig
war, denn das musikalische Talent seiner Mutter hatte er nicht geerbt.
Den Musikunterricht am Gymnasium erteilte ein ambitionierter älterer Oberstudienrat, der sogar einen Doktortitel trug. Der Blockflöte
als obligatorisches Instrument der musikalischen Früherziehung
konnte er wenig abgewinnen. Umso mehr versetzten ihn die Künste
der Kinder der Rechtsanwälte, Ärzte und Ingenieure in Entzücken,
die ausgiebig auf ihren Violinen, Cellos und Querflöten in der Klasse
vorspielen durften. Eine Schülerin übte täglich vier Stunden Klavier
und für ihr Vorspiel am Flügel beorderte der Oberstudienrat alle
Schüler in die Aula. Tatsächlich hat es dieses Talent später zu einer
Klavierprofessur in Stockholm gebracht. Als Jürgens Mutter von diesem Auftritt hörte, bestand sie auf einem Akkordeon-Vorspiel ihres
zwölfjährigen Sohnes, der den schweren Instrumentenkoffer über den
Stadtbus in die Klasse schleppen musste. Die Familie besaß kein Auto.
Jürgen hatte mit seinem Auftritt wie üblich zu Beginn der Stunde
gerechnet, musste allerdings bis kurz vor Ende auf diese Gelegenheit
warten: „Na Jürgen, dann hol mal deine Quetschkommode raus und
gib was zum Besten!" Mutter hatte die Arie des Schweinezüchters
Zsupán in der 3. Szene der Johann Strauß Operette »Der Zigeuner-
baron« ausgewählt („mein idealer Lebenszweck ist Borstenvieh und

70

Schweinespeck"), weil sie Rudolf Schock in dieser Rolle bewunderte. Die letzten Töne trafen auf die Pausenklingel und ließen Jürgen mit einem zwiespältigen Gefühl zurück, als er das Instrument in den Kasten legte. Lehrer und Mitschüler hatten den Raum kommentarlos verlassen.

Dieses Gefühl „nicht dazuzugehören" hat ihn sein ganzes Leben begleitet und ein enormes Konkurrenzdenken befeuert. Der Psychoanalytiker hatte nach einer längeren Schweigepause auf diese Vignette sinngemäß mit folgender Deutung reagiert: „Was ist so verkehrt daran, ein Dachdecker zu sein, wenn der Mann damit glücklich ist?"

Wenn nun aber der Zeitgeist verlangt, das manchmal kaum Mögliche aus Kindern herauszuholen, so können Eltern Hilfestellung leisten, indem sie frühzeitig auf das Verhalten der Menschen schauen, die sich in der gesellschaftlichen Schicht bewegen, in die man sich das eigene Kind später einmal hinein wünscht. Eine Namensforscherin hat gar empfohlen, bei der Namenswahl darauf zu achten, welche Vornamen von Eltern aus den oberen Schichten aktuell bevorzugt werden. Beim Musikunterricht ist es relativ einfach. Das Akkordeon ist ein großartiges Instrument für Vollblutmusiker, die dazu singen oder mit argentinischem Tango beeindrucken. Leider sind solche Talente rar. Die meisten Kinder können nicht nach Gehör spielen, kleben am Notenblatt und brauchen sekundäre Motivation durch Spielpraxis in einem Orchester. Akkordeonorchester sind im Aussterben begriffen und es ist fraglich, ob der spätere Richter seine Freizeit gerne im Shanty-Chor verbringt, um Kontakte zu knüpfen. Auch Gitarre und Klavier führen nicht zwanglos in eine produktive Gruppe. Die Querflöte ist preiswert und leicht transportabel. Geigen sind teurer, wobei viele Musikschulen Leihinstrumente zur Verfügung stellen. Mit der Klarinette kann man erst später beginnen und die Oboe erfordert einen derartigen Druckaufbau, dass in klinischen Studien eine erhöhte Rate von Hirnblutungen nachgewiesen wurde. Diesen Orchesterinstrumenten haftet die Aura der Oberschicht an, weil früh im Unterricht die Werke der Klassik geübt werden und dabei schon drei bis fünf junge Musikanten nach wenigen Jahren Training Erstaunliches auf eine kleine Bühne bringen können. Und es sind diese kleinen Auftritte vor Publikum, die das Selbstbewusstsein enorm fördern. In den Orchestern für klassische Musik treffen sich andere Kinder als im Jugend-Spielmannszug oder einer Marsch-Band. Hier werden Freundschaften geknüpft und Einladungen zum Geburtstag ausgesprochen.

Ein für Jugendliche noch wichtigere Vergleichsarena ist der Sport. Auch hier sollte man sein Kind nicht per dummen Zufall in einer Sportart enden lassen. Eltern können sehr wohl einen vernünftigen Abwägungsprozess in Gang setzen, um eine Sparte zu finden, die den natürlichen Talenten ihres Kindes entgegen kommt. Das macht Erfolgserlebnisse in Wettkämpfen wahrscheinlicher. Dazu gesellen sich die Effekte sozialer Selektion. Zwei Extreme: Die Box-Sparten waren am Aussterben bis die Einwanderer aus Russland und Osteuropa eintrafen. Wer seine Kinder zum Golfkurs anmeldet, wird überzufällig häufig auf Eltern treffen, die auch bei den Rotariern oder im Lions-Club aktiv sind.

Während seiner Therapie einer ausgeprägten Sozialphobie, berichtete mir Thomas, ein 42jähriger Kaufmann, über geradezu traumatische Erfahrungen im Sportunterricht. Seit Geburt war er auf einem Auge schwachsichtig und musste zur Korrektur der mäßigen Kurzsichtigkeit auf dem anderen Auge eine ziemlich dicke Brille tragen, die ihm bei Ballspielen von der Nase geschossen wurde. Sein Vorbeigreifen beim Handball, Volleyball und Basketball führte regelmäßig zu Heiterkeitsausbrüchen unter den Mitspielern. Bei der Wahl der Mannschaften blieb er immer als letzter auf der Bank. Oft betete er vor dem Einschlafen: „Lieber Gott, bitte lass mich morgen nicht wieder der letzte auf der Bank sein." Am Ende verhandelten die beiden Mannschaftsführer darüber, wer denn nun den dusseligen Thomas nehmen müsste. Man einigte sich um den Preis, dass er sofort auf die Reservebank gesetzt werden durfte. Weder Eltern noch Sportlehrer hatten begriffen, dass Thomas als Einäugiger über ein sehr begrenztes räumliches Sehen verfügte. Der Sportlehrer riet zur Basketball-AG, weil es einfacher sei, große Bälle zu fangen. Erst kurz vor dem Abitur führte Lehrermangel zum Einsatz eines Profis, Arnold B., Olympionike im Lagenschwimmen. Der testete die Schüler auf Vitalkapazität, vermaß die Länge der Extremitäten und den Brustumfang, bevor er die Auswahl der Abitursportarten für die einzelnen Schüler vornahm. Thomas fiel durch eine enorme Vitalkapazität seiner Lungen auf und nach sechs Monaten Training in der neu erstellten Traglufthalle reichte es für die Note „Eins" im Brustschwimmen.

Schüler haben derart unterschiedliche angeborene Talente, dass es immer sinnvoll ist, danach gezielt zu suchen. In der DDR wurde das bei Grundschülern konsequent vollgezogen und das kleine 17 Millionen Völkchen konnte dadurch so viele Talente heben, dass am Ende USA und Sowjetunion beim olympischen Medaillenspiegel überholt wurden (systematisches Doping war im Spiel, allerdings wahrscheinlich auch bei den Konkurrenten aus der Sowjetunion). Nun werden nur sehr

wenige Eltern eine Leistungssportkarriere für ihre Kinder an-
streben, was auch vernünftig ist bei Erfolgsaussichten, die ähnlich niedrig wie beim Lotto-Spiel sein dürften. Dennoch kann
die Auswahl einer geeigneten Wettkampfsportart ein wichtiges
Instrument sein, um das natürliche Bedürfnis vieler Kinder
nach Vergleich und Rangordnung zu befriedigen und das un-
selige Ausweichen auf die Bewertungsskalen beim Tragen von
Markentextilien und Smartphones einzugrenzen. Wer über
seine Sporterfolge in den Pausen berichten kann, der ist nicht
völlig von Likes auf Facebook abhängig. Aus sportärztlicher
Sicht gibt es allerdings Bedenken gegen das bei Jungen so be-
liebte Fußballspiel und bei Mädchen Reiten. Fußball ist offiziell
eine Kampfsportart und in letzter Zeit ist der Kopfball als möglicher Verursacher anhaltender Hirnschäden in Verruf geraten.
Insbesondere vom intensiven Kopfballtraining ist dringend ab-
zuraten. Noch schlimmer sieht es mit Stürzen vom Pferd aus.
Die Statistiken der gesetzlichen Schülerunfallversicherung
sprechen eine eindeutige Sprache. Ganz ohne nennenswertes
Verletzungsrisiko geht es beim Schwimmen zu. Der Schwimm-
sport formt dabei ein schönes Körperbild ohne die schon wieder ungesunden Übertreibungen des Kraftsports. Bei Tennis
und Badminton stellt man ein Netz zwischen die Wettbewer-
ber, was die Verletzungsgefahr erheblich senkt. Dazu kommt
das gehobene Image, welches diesem Sport anhaftet.

Außer der Musik sind es weitere kulturelle Freizeitbeschäf-
tigungen, mit denen ein Jugendlicher seinen Aufstieg unterfüt-
tern kann. Schülertickets für das örtliche Theater oder Konzert-
besuche sind oft preiswerter als eine Kinokarte. Nur brauchen
die Kinder zumindest beim ersten Besuch Begleitung. Man
kann mit ihnen gemeinsam die Internetseite eines Theaters

aufrufen und sich die kurzen Werbevideos anschauen, die Inhaltsangaben lesen und dann für eine bestimmte Vorstellung buchen. Angst vor den Kulturtempeln braucht man auch nicht zu haben. Heute kommt die Hälfte der Besucher in Jeans und Pullover. Die Sozialdemokratisierung unserer Gesellschaft hat hier voll durchgeschlagen. Opern sind letzten Endes die Musicals unserer Vorfahren. Wenn man z.B. Teenager mit in die „Zauberflöte" von Mozart nimmt und die Inszenierung mit prächtigen Kostümen und opulentem Bühnenbild arbeitet, so sind auch ausgebuffte YouTuber oft danach ganz beseelt. Die Ohrwürmer eines Giuseppe Verdi aus „La Traviata" greifen besonders Mädchen auch heute noch ans Herz. Man stelle sich dann die Gesichter der Klassenkameradinnen auf dem Pausenhof am Montag vor, wenn auf die Frage, was hast Du am Wochenende gemacht, die Antwort kommt: Ich war in der Oper, La Traviata, toll.

Ein heikles Thema sind die Urlaubsreisen. Wer in den Sommerferien mit seinen Eltern nicht wegfliegt, braucht eine gute Ausrede. Der Fernflugreise-Wahn der Deutschen hat hier tiefe Spuren hinterlassen. Vierzehn Tage all inclusive Dauernahrungsaufnahme in einer Hotelburg und Dösen am Strand an einer zubetonierten Mittelmeerküste rangiert höher als die Erkundung von Weltkulturerbe in der Heimat. Zwei nette Jungs im Alter von zwölf und vierzehn Jahren berichteten mir aufgeregt, dass es auch dieses Jahr wieder in die Türkei gehe. Das Weltkulturerbe im nur 100 km entfernten Lüneburg oder im 50 km entfernten Goslar hatten sie noch nie zu Gesicht bekommen. Die Einfahrt in den mittelalterlichen Roederstollen, ein anschließendes Bad in den verwunschenen Speicherbecken der Wasserkunst am Rammelsberg hinterlässt bei jedem Menschen starke Erinnerungsspuren und kann Jugendlichen zu Ferienberichten verhelfen, die sie aus der Masse der Pauschalurlauber hervorheben, wenn sich die Eltern den Robinson Club oder Club Med nicht leisten können.

Der französische Soziologe Pierre Bourdieu war der festen Überzeugung, dass all diese fein ausgearbeiteten schichtspezifischen Verhaltensweisen komplett anerzogen seien. Tatsächlich verhält es sich doch etwas komplizierter, weil die Freude an speziellen körperlichen und geistigen Tätigkeiten auch angeborene Talente voraussetzt, die man nicht beliebig durch Erziehung vermehren kann.

Wem die geistige Kapazität zur Aufnahme komplexer musikalischer Strukturen fehlt, der wird eher zur einfachen Unterhaltungsmusik neigen und ein unter Zwang erlerntes Instrument sofort in die Ecke stellen, nachdem der Pflichtunterricht sein Ende findet, so jedenfalls ein Ergebnis der Langzeitstudie „Jedem Kind ein Instrument" in Nordrhein-Westfalen. Eltern sollten ob solcher vergeblichen Liebesmüh nicht zu enttäuscht sein, denn einen Versuch ist es immer wert und Schaden richtet bei fehlendem Talent nur das sture Beharren der Erziehungspersonen an.

Der Mensch ist ein Augentier und in zahlreichen Studien ist immer wieder bestätigt worden, dass das Aussehen einen messbaren Effekt auf beruflichen Erfolg hat und umgekehrt erfolgreiche Menschen seltener übergewichtig und unsportlich daherkommen. Leider wird optische Schönheit völlig ungerecht von der Natur bereits bei der Zeugung verteilt, was Thomas Mann zu dem Bonmot „Der Mann macht das Kleid" veranlasst hat. Wenn es um Schulerfolg und später eine erste Anstellung geht, sollten Eltern ihren Kindern beibringen, dass jugendliches Rebellentum insofern schaden kann, als durch ein Gangster-Rapper-Outfit die Toleranz mancher Oberstudienräte überfordert wird. Am heikelsten sind dabei die Moden der Tattoos, des Piercings und der Fleischtunnel in Ohrläppchen. Noch immer assoziiert die Mehrheit diese Moden mit Unterschichtverhalten und problematischem Charakter. Das hat eine rationale Basis. Amerikanische Jugendärzte konnten eine starke Korrelation zwischen der Anzahl der Tattoos und Piercing-Metalle und psychischen Erkrankungen feststellen. Mit anderen Worten, je bizarrer und gesichtsnäher die Tätowierungen, umso verrückter der Charakter. Während eine in jugendlichem Übermut geschnittene Irokesenbürste, eingeflochtene üppige Rasterlocken oder Skin-Head-Glatze innerhalb kurzer Zeit wieder in einen ordentlichen Normalzustand zurückzusetzen sind, verhält es sich insbesondere mit den Tattoos und Fleischtunneln anders. Hier bleiben zeitlebens zumindest sichtbare Narben und wirken ähnlich wie peinliche Fotos einmal ins Internet gestellt mitunter negativ nach (Frau Prof. Elisabeth Rohr hat darüber 2009 einen sehr informativen Aufsatz geschrieben).

Ich erinnere den Schock in der Familie eines Oberstaatsanwalts, als der 16jährige Sohn von seinem Auslandsjahr in Santiago de Chile mit einem großflächigen Tattoo am Hals in die südniedersächsische Provinz zurückkehrte. Im angetrunkenen Zustand hatte er sich in einer Art Initiationsritus vor Kumpeln eine Teufelsfratze von einem indigenen Laien stechen lassen. Daheim wurde eine Dermatologin konsultiert, die schlechte Nachrichten zu überbringen hatte. Da ein Amateur am Werk war, der die Farben in unterschiedlichen Tiefen eingebracht hatte, sei es mit der Entfernung schwierig zumal am Hals und bei noch wachsender Haut.

Da die Mode Tätowierung weiter läuft, sollten Eltern ihren Kindern gutes Informationsmaterial zugänglich machen. 20% der 15 bis 25 jährigen Deutschen tragen bereits ein Tattoo, in den USA sind es fast 50%. Man findet gute Informationen im Internet und erfährt, dass die verwendeten Tinten nicht als Medizinprodukte reguliert werden. Viele Menschen sind dadurch schwer erkrankt und die Effekte zahlreicher nicht deklarierter Inhaltsstoffe auf das Immunsystem sind nicht erforscht. Die negativen Auswirkungen beim Einstieg ins Berufsleben sind beachtlich. Junge Polizeianwärter mussten bis vor die höchsten Gerichte klagen, um bei sichtbaren Tattoos in den Polizeidienst übernommen zu werden. Der Inhaber eines auf dem Weltmarkt sehr erfolgreichen deutschen Unternehmens äußerte in der Presse unverhohlen, dass sich Jugendliche mit Metall im Gesicht erst gar nicht zu bewerben bräuchten.

Wenn man davon ausgeht, dass maximal 15% der Jugendlichen von ihren genetisch gegebenen Fähigkeiten (u.a. IQ>100 Punkte) her für eine akademische Ausbildung geeignet sind und dagegen den Anteil von über 50% eines Jahrgangs betrachtet, der von den allgemeinbildenden Schulen eine Hochschulzugangsberechtigung in die Hand gedrückt erhalten, so entsteht hier ein gesellschaftlicher Zwang, mehr aus sich zu machen als in einem steckt. Viele Jugendliche oder deren Eltern erkennen das mäßige Abiturzeugnis als das, was es ist – das gute Realschulzeugnis früherer Jahrzehnte. Bei manchen jungen Menschen mit Ehrgeiz und Aufstiegswillen führt so ein geschenktes Abitur aber auch zu einer Überschätzung der eigenen Fähigkeiten. Ich erinnere hier den tragischen Fall eines Kollegen, dem sein „Bildungserfolg" einen Höllenritt durchs Leben bescherte.

Johannes P. war als Kind eines Arbeiterpaares in die Bildungsexpansion der Bundesrepublik in den 60er Jahren hineingeboren worden. Seine Großeltern väterlicherseits hatten vor dem Zweiten Weltkrieg versucht, ihrer kümmerlichen Existenz als Landarbeiter in Polen durch Migration nach Westdeutschland zu entkommen. Mutig hatten sie ihr Dorf an der polnisch-schlesischen Grenze verlassen, um im Deutschen Reich etwas Besseres als kärgste Kost zu suchen. Trotz härtester Arbeit verharrten Eltern und Kinder auf unterster sozialer Stufe. Johannes Vater verließ nach acht Jahren die Volksschule und schuftete bereits als 14jähriger in der Fabrik. Die Lehrer seines Sohnes ließen dem Arbeiterkind eine ähnlich positive Diskriminierung angedeihen, wie sie institutionalisiert sonst nur in der DDR üblich war. Das fachte in Johannes einen brennenden Ehrgeiz an und er startete mit einem Einser-Abitur seine Ausbildung mit der festen Überzeugung, dass mit Fleiß und eisernem Willen alles erreichbar wäre. Der Antritt eines prestigeträchtigen Medizinstudiums wurde auch noch durch die Aufnahme in ein Hochbegabten Förderungswerk gekrönt, was ihn in Kontakt zu einem herausragenden Forscher brachte, der ihm eine Doktorarbeit in der Grundlagenforschung an seinem biochemischen Institut anbot. Eine erste Warnung, dass Johannes vielleicht in der falschen Liga spielen könnte, erhielt er mit der Zwischenprüfung Physikum. Trotz maximaler Lernanstrengung erreichte er in diesem bundesweit einheitlichen Leistungstest mittels multiple-choice-Fragen ein nur unterdurchschnittliches Ergebnis. Die Doktorarbeit führte ihn in die extrem komplizierten Tiefen der hard core Biochemie eines Max-Planck-Institutes, in dem Nobelpreisträger an ihm vorbei huschten. Johannes war völlig überfordert, funktionierte nur auf dem Niveau eines chemisch-technischen Assistenten und konnte die ihm gestellten Aufgaben nicht bis zu Ende denken. Zwei solide ältere Grundlagenforscher griffen ihm unter die Arme, hoben ihn über die Hürden und wo das nicht reichte, schönte Johannes die Ergebnisse in seinem Laborjournal. Der amerikanische Romancier Thomas Wolfe hat diese Zwickmühle ehrgeiziger Aufsteiger unter den Investmentbankern New Yorks eindrücklich in „Fegefeuer der Eitelkeiten" beschrieben. Darin wendet sich ein mit mäßiger Denkkraft ausgestatteter Emporkömmling an seinen Mentor in einer der großen Investmentbanken, der ihm sein Dilemma aufzeigt: In unserer Branche musst du entweder genial sein oder betrügen. Als Johannes seine Promotion wundersamer Weise mit „summa cum laude" bewertet ausgehändigt erhielt, bestärkte ihn das ganz ungemein in seinem Glauben an die eigenen herausragenden Fähigkeiten und er stürzte sich in eine Universitätskarriere, deren Voraussetzungen und verschlungenen Wege er nicht verstand. Hier ist höchste Spezialisierung und Beharrlichkeit gefragt, um eine der wenigen Spitzenpositionen gegen harte Konkurrenz in den Universitätshierarchien zu ergattern. Johannes versuchte es nach dem Hans-Dampf-in-allen-Gassen-Prinzip mit drei parallelen Facharztausbildungen und verzettelte sich in Grundlagenprojekten und klinischer Forschung. In Phasen hektischer Aktivität brauchte er wenig Schlaf, arbeitete Tag und Nacht, aber ohne Übersicht und realistische Abschätzung der Konkurrenzsituation. Als er die langfristige Erfolglosigkeit seiner vielen entfachten Strohfeuer zu erkennen begann, verließ er abrupt das sinkende Schiff der Universitätskarriere, um in einer medizinisch unterversorgten abgelegenen Region eine Praxis zu eröffnen, an deren Eingang sein Schild prangte: Sprechstunden Montag bis Freitag von 8.00 bis 18.00 Uhr. Damit hatte es für Johannes aber kein Bewenden. Nachts und an Wochenenden arbeitete er Wäschekörbe von Sozialgerichtsgutachten ab und verdiente sich mit diesen eine goldene Nase. Über seine Wissenschaftskontakte verschaffte er sich lukrative Beraterkontrakte mit der pharmazeutischen Industrie, jettete zu Meetings der multinationalen Konzerne um die ganze Welt und brannte dabei wie eine Kerze, die man an beiden Enden angezündet hatte. So lernte ich ihn als Referenten auf einer Fortbildungsveranstaltung an traumhaft schöner Lokation kennen, weshalb er mich als Kollegen einige Jahre später konsultierte, als er seinen nahenden Zusammenbruch ahnte. Er war bei seinen unternehmerischen Aktivitäten in Grauzonen geraten, hatte Kartenhäuser aufgebaut, die nun zusammenzufallen drohten. Klinisch steckte Johannes in einer schwergradigen agitierten Depression und ich riet ihm dringend zu stationärer Behandlung. Viele der von ihm errungenen Erfolge waren an Phasen manischer Aktivität gekoppelt gewesen und sein aktueller Zustand zeigte die gefährlichen Facetten einer sogenannten „gemischten Episode" bei manisch-depressiver Erkrankung. Auf die Einnahme eines Stimmungsstabilisierers konnte er sich einlassen, auf stationäre Behandlung nicht. Von seinem Unfalltod erfuhr ich einige Wochen später. Auf dem Weg von einem Hausbesuch in einem Altenheim war er in einer langgezogenen Kurve mit stark überhöhter Geschwindigkeit frontal gegen einen Baum geprallt. Natürlich kann man das traurige Schicksal dieses vierfachen Familienvaters als nicht seltenen Ausgang einer vorwiegend genetisch determinierten Erkrankung aus dem bipolaren Spektrum betrachten. Ich habe mich gefragt, in wie fern auch ein Zeitgeist daran Anteil hatte, der Johannes auf ein Gleis setzte, auf dem Selbstüberschätzung und Ehrgeiz maßlos an Fahrt aufnehmen konnten.

17. Hat Handwerk noch goldenen Boden?

Kfz-Mechatroniker steht unverändert jedes Jahr an der Spitze der Beliebtheitsskala der Jungenberufe. Was macht diese Attraktivität seit mehreren Generationen (früher Kfz-Mechaniker) aus? Selbst männliche Schimpansen-Jungen greifen häufiger zu Spielzeugautos als Schimpansen-Mädchen. Blinkende Apparate, Werkzeuge und sich drehende Zahnräder scheinen auf Jungengehirne genauso unwiderstehlich wie Haarbürsten und Puppen auf Mädchen zu wirken. Kann man seinem Sohn mit einem sehr guten Hauptschul- oder guten Realschulabschluss zu einer solchen Ausbildung raten?

Höre ich die Berichte von Gesellen, die über Jahrzehnte in kleinen oder mittleren Handwerksbetrieben tätig waren, so verfestigt sich ein Bild harter täglicher Arbeit unter ständig wachsendem Rationalisierungsdruck bei sehr, sehr mäßiger Bezahlung. Auch eine Stufe höher auf der Meisterebene führt das etwa ab der sechsten Lebensdekade zu einem Gefühl der Überforderung oft gepaart mit dem Wunsch, das Berufsleben irgendwie möglichst rasch hinter sich zu bringen. Handwerksbetriebe gehören nicht zu den Hätschelkindern unseres Wirtschaftssystems und das bekommen die Angestellten spätestens im Alter hart zu spüren.

Nur als Auszubildender wird der Maurerlehrling im Vergleich zu anderen Ausbildungsberufen fair bezahlt, steht sogar für diese drei Jahre an der Spitze der Vergütung. Danach sieht es eher düster aus. Dabei wird ein Einsatz verlangt, der nach bis zu zehn Stunden auf den Beinen abends in ziemlicher

Erschöpfung endet und zu derart frühzeitigem Verschleiß des Körpers führt, dass ein Renteneintrittsalter von 67 Jahren als bösartiger Scherz erscheint.

Mein Patient Georg S. ist dafür ein schmerzerfülltes Beispiel. Sein Vater war Maurer gewesen und so trat er bei knappen Lehrstellen kurz nach dem Zweiten Weltkrieg in dessen Fußstapfen mit einer 50- bis 60-Stunden-Woche seit dem 14. Lebensjahr. Unzählige Zement-säcke, Betonkübel und Backsteinpaletten hat er über die Jahrzehnte bewegt und sich vorhersehbar all die Verschleißerkrankungen des Bewegungsapparates eingefangen, die die Orthopädie kennt. Mit Anfang Fünfzig war seine Lendenwirbelsäule derart verschlissen, dass nur der Wechsel auf eine angelernte beaufsichtigende Tätigkeit eine frühe Erwerbsunfähigkeit verhinderte. Die Röntgenaufnahmen der Hüftgelenke demonstrierten einen ausgeprägten Verschleiß und erklärten die auf einige hundert Meter begrenzte Gehstrecke. Georg hat eine Frau geheiratet, die ohne frühe harte körperliche Tätigkeit spontan in jungen Jahren operationsbedürftige Bandscheibenschäden erlitt. Den gemeinsame Sohn erwischte das gleiche Schicksal als Schreibtischtäter bereits Anfang vierzig.

Daraus können Eltern lernen, dass die Belastbarkeit für harte körperliche Arbeit auch ein Stück vererbt wird. Liegen Rückenleiden, Bandscheibenvorfälle und Hüftgelenksverschleiß in jungen Jahren in der Familie, so wäre die Berufswahl Betonbauer, Maurer, Landschaftsgärtner, Dachdecker, Zimmermann, Pflasterer, Gerüstbauer oder Möbelpacker sicher mit einem erhöhten Risiko für vorzeitige Berufsunfähigkeit behaftet. Die Anforderungen an Koordination und Gleichgewicht werden für Bauberufe ebenfalls unterschätzt. Balanceakte auf Leitern, Gerüsten und Dächern können bereits in der sechsten

Lebensdekade immer schwerer fallen und auch für solche Koordinationsleistungen des Gehirns ist die gesetzliche Altersgrenze eine Herausforderung.

Der einzige gerade und produktive Ausweg aus diesem Dilemma eines vorzeitigen Verfallsdatums für viele handwerkliche Berufe ist die Selbständigkeit, weil der erfahrene Handwerksmeister dann die Jungen auf das Dach schickt und sich selber um die Auftragsakquise, Ausschreibungen und Aufsicht kümmert. Nur verlangt es dafür die Intelligenz und Persönlichkeit eines Selbständigen, also insbesondere die Offenheit gegenüber Innovation gepaart mit einem gewinnenden Wesen gegenüber Kunden und Verträglichkeit gegenüber Mitarbeitern. Solch eine glückliche Kombination ist nur wenigen Menschen gegeben und es sind genau diese Persönlichkeiten, die mir über ihre gesamte Berufslaufbahn mit einem Gefühl des Stolzes und der Zufriedenheit berichten konnten. Wenn Eltern bei ihren Sprösslingen die Substanz zur Selbständigkeit eher nicht erkennen, dann bietet sich für Handwerksberufe der besondere Schutz an, den Arbeitnehmer in Großbetrieben und beim Staat genießen. Dadurch entgeht man auch den ausgeprägten Zyklen in der Bauwirtschaft und dem Phänomen des Lohndrucks durch die Freizügigkeit in der europäischen Union. Auf dem Bau ist man wenig durch Sprachbarrieren geschützt und wie immer Mindestlöhne auch geregelt und überwacht werden, finden sich doch meistens genug arme Menschen aus Nachbarländern, die bereit sind, Gruben für Fundamente zum Dumpingpreis auszuheben und die Betondecke 10% günstiger zu gießen. Wer dagegen als Elektriker bei einem der großen Automobilbauer unterkommt, verdient doppelt bis dreimal so viel wie ein Geselle in einem kleinen

Handwerksbetrieb. Wer als Gärtner beim Stadtgrünflächenamt Unterschlupf findet, für den erkämpft Verdi humane Arbeitsbedingungen und eine betriebliche Alterszusatzversicherung auf einem quasi unkündbaren Arbeitsplatz. Dasselbe gilt auch für die „feineren" Handwerksberufe. Je größer der Arbeitgeber, umso garantierter die Interessen der Arbeitnehmer. Als die Deutsche Bundespost umstrukturiert wurde und das Fernmeldeamt zur Telekom mutierte, wurden durch großzügige Frühpensionierungen tausende von Beamten sozialverträglich bei angemessenen Pensionen in den Vorruhestand geschickt, denen in kleinen Privatfirmen bei ähnlicher Konstellation nur der Gang zum Arbeitsamt geblieben wäre, im höheren Lebensalter gleichbedeutend mit Hartz-IV nach wenigen Monaten. Deshalb sollten Eltern die Bewerbungen ihrer Kinder, denen sie die Selbständigkeit eher nicht zutrauen, genau inspizieren und solche für große renommierte Arbeitgeber, aber auch kleine öffentlich-rechtliche, nachdrücklich unterstützen. Viele quasi staatliche Arbeitgeber sind als solche gar nicht gut bekannt, obwohl sie ähnlich vorteilhafte Arbeitsverträge wie die Stadtverwaltung oder Landesjustizbehörden anbieten. Dazu zählen die vielen Körperschaften des öffentlichen Rechts (Krankenkassen, Ärztekammern, kassenärztliche Vereinigungen, Berufsgenossenschaften, karitative kirchliche Einrichtungen, Deichverbände, Wasserwerke, Abfallbetriebe usw.). Was Eltern schwer vorhersehen können, ist das Tempo technischer und verwaltungsrechtlicher Entwicklungen. Zahntechnik gilt noch immer als „Edelhandwerk", hatte über Jahrzehnte buchstäblich goldenen Boden und hat so manchen Laborchef zum Multimillionär gemacht. Kostendämpfung im Gesundheitswesen, Billigkonkurrenz aus Osteuropa und Asien und derzeit die Fortschritte der 3-D-Druckertechnologie könnten diesen anspruchsvollen

Ausbildungsberuf zum Schrumpfmodell in Deutschland machen. Da hilft nur der persönliche Kontakt zu einem, besser zwei selbständigen Zahntechnikermeistern, die einem (hoffentlich) reinen Wein einschenken und eine realistische Prognose für die nächsten Jahre wagen. Ein ähnliches Schicksal musste die Edelsparte „Optiker" erleiden. Wer es schaffte, die Meisterprüfung im Fach „Augenoptik" abzulegen, und den Mut besaß, einen eigenen Laden zu eröffnen, der konnte in den siebziger und achtziger Jahren in einer zunftartig organisierten Branche rasch ein Vermögen verdienen. Dann betrat Fielmann die Bühne und mischte mit wenigen erfolgreich geführten Gerichtsprozessen die Zunft auf. Seither wurde es für die vielen kleinen selbständigen Optikermeister immer schwieriger. Der Erfolg der Filialisten zwingt viele junge Optiker ins dauerhafte Angestelltenverhältnis. Der beinharte Wettbewerb unter den Ketten und über das Internet wird die Gehälter weiter drücken. Apothekern blieb dieses Schicksal wundersamer Weise durch ein Urteil des Europäischen Gerichtshofes erspart, das das Zunftwesen deutscher Apotheker vorerst für rechtens erklärte und den Apothekenkettenbetreibern vorläufig den deutschen Markt verschlossen hat. Wäre die Entscheidung anders ausgefallen, hätte das zu einem massenhaften Personalabbau bei den an sich besonders für Mädchen sehr attraktiven Ausbildungsberufen Apothekenhelferin und pharmazeutisch-technische Assistentin geführt.

18. Rente mit 70 – in welchen Berufen hält man durch?

Kein junger Mann, dem ein Bundesligaverein einen Vertrag anbietet, wird ein solches Angebot ausschlagen, weil die Eltern ihn darüber aufklären, dass eine Profifußballerkarriere spätestens mit dem 40. Geburtstag endet. Muss der Sohn seine Muskeln, Sehnen und Gelenke täglich in einem Bauberuf knapp unterhalb der Belastungsgrenze einsetzen, so sprechen die Statistiken der Berufsgenossenschaften und Rentenversicherer eine eindeutige Sprache, die auch medizinischen Laien leicht verständlich ist. Die Anblick eines 69 jährigen Dachdeckers in 30 Meter Höhe oder eines gleichaltrigen Betonbauers im knietiefen Mörtel entlockt sogar hartgesottenen Rentenpolitikern ein Räuspern und den Verweis, dass man halt bei den Erwerbsminderungsrenten für bestimmte Berufe nachbessern müsste. Verantwortungsbewusste Eltern müssen die Eignung ihrer Söhne für solche „Knochenjobs" sehr sorgfältig prüfen. Leiden sie selber unter Früharthrose oder Bandscheibenvorfällen in jungen Jahren, dann können sie von einem hohen Risiko für den Sprössling ausgehen. Die medizinischen Reparaturmaßnahmen sind lange nicht so erfolgreich, wie vielfach operierte Spitzensportler glauben lassen. Umschulungsmaßnahmen im höheren Lebensalter sind nicht immer möglich und meistens mit Einkommensverlusten verbunden. Auf Schonarbeitsplätze darf ein körperlich nicht mehr voll belastbarer Mitarbeiter nur in Großbetrieben hoffen, wo sie heiß begehrt sind. Solche körperlichen Einschränkungen, die Berufstätigkeit im Alter verhindern, sind häufig und werden allgemein akzeptiert. Deshalb will ich dazu keinen Fall aus meiner Sprechstunde berichten. Viel weniger bekannt ist, dass auch das Gehirn bereits in relativ jungen Jahren „Verschleißerscheinungen" zeigen kann, die ein frühzeitiges berufliches Aus bedeuten können. Das menschliche Gehirn wächst und legt an Denkkraft bis etwa zum 25. Lebensjahr ständig zu. Einfach messbare Geistesleistungen wie Gedächtnis oder Rechengeschwindigkeit bleiben dann, entsprechendes Training vorausgesetzt, bis Ende Dreißig auf einem Plateau, bevor es langsam bergab geht. Natürlich gibt es wie bei den Körperkräften große Unterschiede zwischen den Menschen, aber niemand entgeht dem Abbau seiner sogenannten kognitiven Fähigkeiten bis zum 70. Geburtstag komplett. Für hochanspruchsvolle geistige Arbeit gibt es deshalb gut begründbare Altersgrenzen. Fluglotsen dürfen bereits mit 52 Jahren in Rente gehen, werden spätestens mit 55 Jahren zwangspensioniert. Nicht in Tarifverträgen geregelt, aber global geübte Praxis ist das Ausmustern von Geistesarbeitern ab dem 50. Lebensjahr, sobald sie aus welchem Grund auch immer ihre Festanstellung verlieren. Manager, Informatiker, Ingenieure gelten dann bereits als „schwer vermittelbar" und das hat etwas mit ihrer im Durchschnitt geringeren kognitiven Leistungsfähigkeit im Vergleich zu einem Jungspund zu tun, der in aller Regel auch für weniger Geld arbeitet. Dr. ing. Heiko Mell hat als Personalberater auf solche gnadenlos rationalen Mechanismen in Großbetrieben immer wieder aufmerksam gemacht, um Berufseinsteigern zu einem realistischen Blick auf die Härte einer „freien Marktwirtschaft" zu verhelfen. SAP hat seiner Belegschaft im Januar 2019 mitgeteilt, dass man sich von 4400 seiner älteren Mitarbeiter trennen wolle. „Älter" bedeutet für SAP über 55 Jahre. Nicht alle Unternehmen bieten den zu entsorgenden Alten ähnlich generöse Abfindungsverträge wie SAP an (läuft es wie angekündigt, so müssten die freigestellten

Mitarbeiter kaum Einkommenseinbußen bis zum Renteneintritt fürchten).

19. Betriebs-/ Volkswirtschaft/ Economics

Die Wirtschaftswissenschaften gehören zu den Sozialwissenschaften und sind damit Massenstudiengänge mit vielen, vielen Konkurrenten. Bachelor-Absolventen beurteilen die Studiengänge zwiespältig. Kritisiert wird Praxisferne und ein schmaler Kerninhalt, der sich anscheinend auch innerhalb weniger Wochen in einem Intensivkurs erarbeiten ließe. Erfolgreiche junge Absolventen empfehlen eine frühzeitige Spezialisierung oder gar ein duales Studium mit fester Anbindung an den zukünftigen Arbeitgeber. Noch gibt es zulassungsfreie Hochschulen und für BWL lag der durchschnittliche Numerus clausus im Wintersemester 2013/14 bei 2,3. Wen es vor Mathe graust, der sollte es erst gar nicht versuchen. 25% der Studienanfänger brechen wegen der harten Matheklausuren ab. Für die anderen sind die nächsten Hürden der Zugang zum Masterstudiengang und die erste Festanstellung nach erfolgreichem Examen. Für denjenigen, der nicht über gute persönliche Beziehungen zu einem potentiellen Arbeitgeber verfügt, ist maximale Mobilität gefragt, insbesondere in Zeiten wirtschaftlicher Rezession. Wer auf dem Lande oder in einer mittleren Stadt abseits der Ballungsgebiete aufgewachsen ist und heimatnah Arbeit sucht, wird oft auf ein sehr, sehr mageres Angebot stoßen. Die beliebten, großen, renommierten Firmen betreiben ein hartes Selektionsverfahren unter den jungen Mitarbeitern nach dem Motto „up or out". Alle paar Monate findet ein Bewertungsgespräch statt. Entweder man wird befördert oder muss den Betrieb verlassen. McKinsey gibt für seine Berater an, dass nach vier Jahren nur noch ein kleiner Teil der Berufseinsteiger in der Firma verblieben ist. Was entscheidet über den

Aufstieg oder Rausschmiss? Der Chef einer großen deutschen Unternehmensberatung formulierte es so: „Angenehm oder unangenehm!" Teamfähigkeit, ein sympathisches Äußeres und etwas Glück spielen eine große Rolle bei der Karriere in Angestelltenhierarchien. Es sei denn, man heiratet die Tochter des Vorstandsvorsitzenden. Dann kann man es wie Daniel Vasella auch als Internist aus einer kleinen Reha-Klinik heraus zum Chef eines Weltkonzerns bringen.

Exemplarisch für eine nach BWL-Maßstäben erfolgreiche Managerkarriere bleibt mir Norbert K. in Erinnerung. Während der 25 Jahre, die ich ihn in unregelmäßigen Abständen wegen einer Hyperhidrosis axillaris (pathologisches Achselnässen) behandelt habe, hat er mir einen tiefen Einblick in die Lebenswirklichkeit von Managern gegeben und sich selber treffend als „Söldner des Geldes" bezeichnet. Seine Eltern stammen beide aus Kaufmannsfamilien in x-ter Generation und seine beiden Brüder studierten ebenfalls BWL an renommierten Unis mit anschließendem MBA (master of business administration) an US-business-schools. Also, die Genetik stimmte. In der Marketingabteilung eines US-Weltkonzerns gelingt ihm ein makelloser Aufstieg in die oberen Etagen mit sechsstelligem Salär und den Insignien der Elite, Dienstwagen, Business-Class Flügen und Untergebenen. Allerdings kommt alle paar Jahre wie ein Blitz der neue Einsatzbefehl und dann bleiben nur wenige Wochen für die Organisation von Umzügen kreuz und quer durch Europa inklusive eines Abstechers in die USA. Das klingt aufregend und stimulierend, war aber für die Ehefrau beruflich ein k.o.-Schlag, weil sie keine Wochenendbeziehung führen wollte und deshalb schweren Herzens zweimal schlecht bezahlte Arbeitsplätze als promovierte Biologin mit Zeitverträgen an einer Universität aufgeben musste. Der enorme berufliche Eifer nötigte das Paar, ihren eigentlich vorhandenen Kinderwunsch

Jahr um Jahr zu verschieben bis es dann mit Mitte Dreißig zu spät war. Subfertilität unklarer Ursache wurde diagnostiziert und auch die Reproduktionsmedizin konnte nicht mehr helfen. Mit Anfang Vierzig hatte Norbert Pech, denn durch widrige Marktverwerfungen stimmten seine Zahlen nicht mehr, und so trennte sich der Konzern nicht nur vom schwächelnden Produkt sondern auch vom zuständigen Produktmanager. Der hatte inzwischen eine kritische Altersgrenze erreicht und war sehr glücklich, ein Angebot bei einer kleinen Firma zu erhalten, das sich dann als eine Art Himmelfahrtskommando in einem osteuropäischen Staat entpuppte und nach zwölf Monaten endete. Nun begannen Monate des Selbstzweifels und der Angst, die ihn regelmäßig in meine Sprechstunde führten wegen einer behandlungsbedürftigen mittelgradigen depressiven Episode. Als diese abgeklungen war, fand er zu seinem ansteckenden Optimismus und Humor zurück und konnte den Personalchef eines Großkonzerns im Bewerbungsgespräch davon überzeugen, dass sein Alter kein Hinderungsgrund sein sollte für das Projekt einer heiklen Sanierungsmaßnahme in einem Schrumpfmarkt. Diesmal war das Glück auf seiner Seite, denn während der ersten Monate in der Firma kam der für den boomenden pazifischen Raum zuständige Manager bei einem Tauchunfall ums Leben und Norbert bekam das Angebot, sofort nach Sydney umzuziehen. Er hat die Gelegenheit beim Schopf gepackt, lebt kinderlos mit seiner unterbeschäftigten klugen Gattin in einem feinen Vorort der australischen Metropole fernab seiner deutschen Verwandten und schickt mir zu Weihnachten regelmäßig eine E-Mail. Während der psychotherapeutischen Behandlung war seine tiefe Trauer über die verpasste Vaterschaft und damit das Fehlen eines geschlossenen Lebenskreislaufs mit Kindern und Enkelkindern wichtiges Thema. Materieller Überfluss, Reisen zu immer exotischeren Zielen, Senator-Lounges, Upgrades in die First Class, ein wohl bestücktes Portfolio aus Aktien und Anleihen und teure Sportwagen sind

Zerstreuungen, die die Erfüllung der tiefen, biologisch determinierten Sehnsüchte nicht bei allen Menschen auf Dauer ersetzen. Nun hätte Norbert mit Ende Dreißig das Steuer durch eine Scheidung und eine zweite Ehe herumreißen können. Wir haben das in der Therapie thematisiert. In jener Stunde liefen ihm die Tränen. Für seinen Mut, die Konsequenzen seiner und ihrer Fehlentscheidungen mitzutragen, habe ich ihm große Achtung gezollt und gelernt, dass das Managerleben nicht gut kompatibel ist mit einer modernen Ehe und Familie.

Töchtern würde ich von BWL/VWL abraten, auch weil es keine Halbtagsmanager gibt. Will man dem Beschleunigungstempo der kapitalistischen Wirtschaft entgehen, bleibt der holprige Weg schlecht bezahlter Hochschulkarrieren (bitte W2-Besoldung googeln) mit Kurzzeitverträgen und meistens mehreren Umzügen bis zur ersehnten ersten unbefristeten Anstellung, um die so viele Bewerber konkurrieren. Universitätsstädte sind teuer. Das Durchschnittsalter bei Berufung auf eine erste Dauerstelle beträgt in Deutschland für Professoren 41 Jahre. Wer das mit Familie und Kindern durchstehen will, muss ein Asket sein oder reiche Eltern/Schwiegereltern springen ein.

Tatsächlich sind zwei gute Freunde den mühsamen Weg der Wissenschaftskarriere mit einer munteren Kinderschar gegangen ohne daran zu verzweifeln. Beiden hatten die Eltern geholfen ein Haus zu kaufen, als das vierte, bzw. dritte Enkelkind unterwegs war – gelebte Solidarität zwischen den Generationen. Einen anderen, der Askese zu seinem Markenzeichen machte, haben Reporterinnen der ZEIT und des Spiegels in seinem Haus in Winsen an der Luhe besucht und süffisant berichtet: Professor Bernd Lucke trug die Pullover seines Vaters auf, seine Familie hatte kein Auto, er lebt in einem klitzekleinen Hutzelhaus und pendelt jeden Tag stehend im Regionalexpress nach

Hamburg. So ist das, wenn Studienstiftler des deutschen Volkes
summa cum laude promovieren, in den USA und Paris forschen und
dann von einem mickrigen Beamtensold fünf Kinder großziehen. Wie
noch mehrmals zu berichten sein wird, kam auch diesem Mann seine
politische Aktivität zu Hilfe und er dürfte sich als gewählter Europa-
Parlamentarier finanziell besser gestanden haben.

Die Mitgliedschaft in Großparteien kann sich u.U. auch für
BWL/VWLer irgendwann im Leben auszahlen. Und man lernt
in der Jungen Union, bei Jungen Liberalen, Grünen oder den
Jusos interessante Leute kennen. Viele BWLer versuchen es mit
der Selbstständigkeit. 50% aller Neugründungen verschwin-
den bereits im ersten Jahr vom Markt. Christian Lindner
musste trotz bester Kontakte zur KfW-Bank dieses Schicksal erleiden, fand danach wie so viele umtriebige Charaktere allerdings ein Plätzchen in der Politik.

Gibt es denn gar keine „sichere" Karriere für Studenten der
Wirtschaftswissenschaften? Doch, die gibt es! Mit ihrer Freibe-
ruflichkeit gehen Wirtschaftsprüfer oder Steuerberater auf
Nummer sicher. Viele Studenten werden abwinken, klingt das
doch nach muffiger, trockener Materie, fast schon nach Behör-
denkram. Aufgepasst, die Wirtschaftsprüfer wildern schwer im
Markt der Beratungsgesellschaften und stellen die Bestverdie-
ner unter allen Akademikern, wenn man auf den Durchschnitt
schaut. Mit anderen Worten, auch ein mittelmäßiger selbständiger Wirtschaftsprüfer gehört immer noch mit 17 000 € Roh-
gewinn pro Monat zu den Spitzenverdienern in Deutschland,
wohingegen ein mittelmäßiger Jungforscher spätestens nach 15
Jahren aus der Universität hinaus komplementiert wird

(Hochschulrahmengesetz) und einer prekären Zukunft entgegen sieht.

Selbständigkeit hat den großen Vorteil, dass man selber bestimmen kann, wo man siedeln will und nicht noch im höheren Lebensalter herumgeschubst wird. Wegen der Länge der Ausbildung ist eine solche Karriere als Wirtschaftsprüferin für Töchter allerdings nur angeraten, falls in unmittelbarer Nachbarschaft Familienmitglieder zu massiver Unterstützung in der Lage sind oder der Ehemann zum Rollentausch steht, um nach den Kleinen zu schauen, wenn Mami sich auf die harten Prüfungen oder wichtige Mandanten vorbereiten muss. Später dürften Hausangestellte dann kein Problem mehr sein – das hohe Einkommen macht vieles möglich.

20. „Frauenberufe"

Geschlechtsuntypische Berufe sind gerade wieder ein beliebtes Forschungsobjekt, wie man in den Beiträgen aus Forschung und Praxis von Elena Makarova („Gendersensible Berufsorientierung und Berufswahl", 2019) nachlesen kann. Empirische Langzeitstudien zeigen, dass Frauen in Männerberufen hoch signifikant unzufriedener mit ihrer Berufswahl sind als solche in Frauenberufen. Die Autoren solcher Studien werten das als Aufforderung, alles zu unternehmen, um irgendwie dennoch mehr Frauen in Männerberufen zu platzieren. Bisher hat alles Gendermainstreaming der letzten Jahre wenig daran geändert: Die Berufswahl fällt weiter geschlechtsspezifisch aus! Mädchen frisieren gern Haare, Jungs Autos. 2,3% der Kfz-Mechatronik-Lehrlinge waren 2012 weiblich, dagegen 93% der Friseurlehrlinge. Ähnlich sieht es in allen klassischen Handwerksberufen für Männer aus. Ist es klug, Töchter in Männerberufe zu lotsen? Natürlich hat es zu allen Zeiten Frauen mit einem starken inneren Drang zur Technik gegeben und die finden heute leicht Ausbildung und Beschäftigung in den Männerdomänen. Aber ist es tatsächlich angemessen, Mädchen die Kampftruppen der Armeen schmackhaft zu machen? Man werfe einen Blick in die Gefängnisse und muss nüchtern zur Kenntnis nehmen, dass Frauen die besseren Menschen sind, wenn es um Gewaltanwendung geht. Männer, die unbedingt beruflich oft Situationen erleben wollen, in denen auf Aggression mit harter körperlicher Gewalt reagiert werden muss – bitte, man wird sie nicht halten können. Sie werden einen Platz als Polizisten in SEKs oder in den Krisenreaktionskräften finden. Seinen Töchtern sollte man eher abraten. Gibt es noch Maurerinnen und Dachdeckerinnen im höheren

Lebensalter auf Baustellen wie ehedem im real existierenden Sozialismus der Sowjetunion? Wie viele Hebammeriche arbeiten in deutschen geburtshilflichen Hospitälern? Ein junger Mann hatte versucht seine Ausbildung an einer Hebammenschule gerichtlich zu erzwingen, war damit allerdings vor 20 Jahren gescheitert. Inzwischen gibt es die männliche Hebamme als "Entbindungspfleger". Das große Experiment der Außerkraftsetzung der durch die Natur geschaffenen Unterschiede zwischen den Geschlechtern war schon im Kommunismus sowjetischer und chinesischer Prägung grandios gescheitert. Dennoch haben die Milieutheoretiker in den sechziger Jahren des letzten Jahrhunderts wieder einen Anlauf gestartet und es immerhin geschafft, Medien und Politik mit ihrem Glauben zu durchdringen. Mao hatte seine Sklaven in den Einheitspyjama gesteckt. Kaum war er tot, zogen sich die Chinesinnen wieder kurze Röcke an und trugen hochhackige Schuhe. Eltern brauchen eine Menge Courage, um nicht das Lebensglück ihrer Töchter auf dem Altar des Zeitgeistes zu opfern. Wer zur Stärkung dieser Courage noch geistige Nahrung benötigt, der nehme die gut lesbaren Taschenbücher der Verhaltens- und Sozialbiologen wie Edward O. Wilson oder Doris Bischof-Köhler zur Hand. Die Lektüre macht Mut, sich gegen die aberwitzigen Forderungen von Gleichheitsfanatikern zu stellen und den eigenen Kindern ein Leben gemäß der menschlichen Natur zu ermöglichen, um sie nicht zu Opfern einer Umerziehungsideologie werden zu lassen. Das Briq-Institut für Verhalten und Ungleichheit hat systematisch durch Befragungen von 80 000 Menschen in 76 Ländern die Effekte des Geschlechts auf den beruflichen Erfolg untersucht und findet erstaunliche Zusammenhänge. Danach hat die signifikant höhere Risikobereitschaft und Geduld der Männer große Auswirkungen auf ihr berufliches Fortkommen, ebenso das stärker altruistische und auf Kooperation ausgerichtete Verhalten der Frauen. Die alten Klischees lassen sich empirisch belegen und wirken umso stärker, je fortschrittlicher und chancengleicher eine Gesellschaft organisiert ist. Danach sind es keineswegs nur patriarchalische Rollenfestschreibungen, die in rückständigen Gesellschaften für Ungleichheit zwischen den Geschlechtern sorgen. Im Gegenteil, je wohlhabender ein Land wird und sich um Gleichheit bemüht, umso mehr entwickeln sich die Geschlechter beruflich auseinander. Der Leiter der Studie, Armin Falk, hat es so zusammengefasst: „Gleichberechtigung heißt eben nicht Gleichsein."

Was zeichnet gute Frauenberufe aus? Vom Ende eines Berufslebens her gedacht sollte ein Frauenberuf nicht der „Alles oder Nichts" Peitsche der Konkurrenzwelt der Männer ausgesetzt sein. Mädchen wollen und sollen drei bis zehn Jahre in ihre Ausbildung investieren, sich einen festen Platz erarbeiten und werden dann für einige Jahre ausscheren, bzw. nur noch Teilzeit tätig sein, um eventuell wieder in Vollzeit zu wechseln, sobald die Kinder das Haus verlassen haben. So ein Arrangement macht eigentlich alle glücklich, die auf Familie und Kinder nicht verzichten wollen, wie der Sozialforscher Prof. Martin Schröder sehr elegant herausarbeiten konnte. Er nutzte die Daten des Sozialpanels der Jahre 1984 bis 2015 in dem 57 627 Personen zwischen 18 und 65 Jahren wiederholt nach ihrer Lebenszufriedenheit befragt wurden und auf einer Skala von 0=total unzufrieden bis 10 = total glücklich antworten konnten. Diesen Schätzwert für Glücksgefühl hat er dann mit der jeweiligen Wochenarbeitszeit ins Verhältnis gesetzt und bemerkenswerte Beziehungen entdeckt, die allen Gleichstellungsbeauftragten zu denken geben müssen. Väter geben die höchsten Zufriedenheitswerte an, wenn sie in der Woche 40 bis 60 Stunden arbeiten. Sie fallen krass ab, sobald sie auf Teilzeit reduzieren oder gar in Elternzeit zuhause bleiben. Bei Frauen ist das ganz anders. Ihre Zufriedenheit sinkt kaum, wenn sie Erwerbstätigkeit reduzieren oder ganz aussetzen. Sie steigt sogar, wenn ihre Männer Vollzeit bis zu 50 Stunden pro Woche arbeiten. An diesen Befunden ändert auch die Höhe des Familieneinkommens und der Sozialstatus nichts. Danach wäre eine Aufteilung, 80% der Erwerbsarbeit leistet der Vater, 20% die Mutter, die dem Familienglück durchschnittlich zuträglichste Konstellation. Schröder erklärt das mit der traditionellen Rollentheorie: Männer sind am glücklichsten, wenn sie Vollzeiternährer sind. Das deckt sich mit anderen Studien, die zeigen, dass Frauen in hochkarätigen Managerpositionen, in denen viele, viele Überstunden geleistet werden müssen, durchschnittlich weniger glücklich sind als Männer.

Martina Lenzen-Schulte hat dazu 2018 in der Frankfurter Allgemeinen Zeitung einen Essay geschrieben und provokant formuliert: "Da sich die ältere Frauengeneration im Kotau vor dem Zeitgeist nicht mehr dazu bekennen mag, einst für die Kinder optiert zu haben, fehlt denen, die das heute gern täten, jegliche Rückendeckung. Das spielt einer Ideologie in die Hände, die keine Lösung kennt, außer der Fremdbetreuung von der Geburt an. Keine politische Richtung wagt es derzeit, ein Schema zu durchbrechen, das Frauen und Familien eine Gleichzeitigkeit aufzwingt, die obsolet sein könnte."

Meine Kollegin Susi M. war als zweites von drei Geschwistern bei ihrer alleinerziehenden Mutter in der Nähe von London aufgewachsen. Diese Mutter war eine extrem couragierte Deutsche, die als junge Frau Mitte der Sechziger Jahre ins swinging London gezogen war. Als Biochemikerin hatte sie sich eine mäßig bezahlte Anstellung an einer kleinen Medical School erkämpft und dort erlebt, wie viel leichter ihre Kollegen mit einem medizinischen Abschluss Karriere machten. Ihre Tochter schaffte mit 17 Jahren einen guten College Abschluss, der aber nicht gut genug für den ersehnten Medizinstudienplatz war. So studierte sie zunächst drei Jahre „Physiological Science" und bewarb sich mit 21 Jahren erfolgreich für das Medizinstudium, das sie in Minimalzeit mit 26 Jahren abschloss. Es folgten zwei Jahre klinische Basisweiterbildung, die Susi als sehr anstrengend erlebte. Sie entschied sich für eine Spezialisierung in der Onkologie und Hämatologie, welche in Großbritannien hochkompetitiv ist und mindestens sieben Jahre dauert. Für eine Bewerbung auf eine erste Dauerstellung als „Honorary Consultant" erwarten die Berufungsgremien dieser kleinen Gruppe Höchstspezialisierter zudem eine fundierte wissenschaftliche Qualifikation, den Ph.D., vergleichbar mit einer medizinischen Habilitation in Deutschland. Drei Jahre dauert so ein Ph.D. Kurs mindestens, wenn man mit seinem Forschungsprojekt Fortune hat und immer vollzeit am Ball bleibt. So hätte sich Susi mit etwas Glück bei Vollzeitberufstätigkeit im jugendlichen Alter von 38 Jahren um eine erste Dauerstelle bewerben können, gemeinsam mit einer zumeist zweistelligen Zahl männlicher Konkurrenten aus der ganzen Welt. Während der Facharztausbildung musste Susi in verschiedene Fachkrankenhäuser rotieren, was mit mehreren Umzügen verbunden war und ständig ein Auto erforderte. Sparen konnte sie von ihrem schmalen Salär nichts und an eine Familiengründung hätte sie nicht zu denken gewagt. Über ihre deutsche Verwandtschaft lernte sie auf einer Klettertour in den Alpen einen jungen deutschen Zahnarzt kennen, in den sie sich Hals über Kopf verliebte und heiratete. Damals war Großbritannien noch in der EU *und so gab es mit der Anerkennung ihrer beruflichen Qualifikationen wenige Probleme. Ihr Deutsch war bis auf einen lustigen britischen Akzent fast fehlerfrei. In Fahrradentfernung von der Villa ihrer Schwiegereltern in Bremens feinstem Wohnquartier fand sie eine gut bezahlte Klinikstelle und konnte noch während der Mindestweiterbildungszeit für das Fach Allgemeinmedizin ihr erstes Kind bekommen. Sie ist als angestellte Kollegin halbtags in eine große Allgemeinmedizinerpraxis eingestiegen und trauert mittlerweile als dreifache Mutter einer unsicheren britischen Klinikkarriere nicht mehr nach.*

Wo findet Frau nun ihren passenden Platz in unserer real existierenden Arbeitswelt? Im öffentlichen Dienst, als Beamtin und in Großbetrieben viel leichter als in kleinen Firmen. Wenn die Tochter als medizinische Fachangestellte arbeiten will, so sollte sie zunächst die Krankenhäuser anschreiben. Arztpraxen geführt von freiberuflich tätigen Ärzten sind die zweite Wahl, weil solche Minibetriebe einfach nicht über die personellen Puffer verfügen, um Schwangerschaftsurlaub, Erziehungszeiten und Abwesenheit bei Krankheit von Kindern problemlos auszugleichen. Im öffentlichen Dienst wird der Vorgesetzte nicht durch Gehaltskürzung dafür bestraft, wenn eine Mitarbeiterin während Schwangerschaft oder in Kinderbetreuungszeiten ausfällt. Der Hausarzt oder Zahnarzt sehr wohl und das verdirbt oft die Stimmung. Überhaupt bietet der medizinische Bereich ein breites Spektrum an Tätigkeiten, für die viele Frauen eine besondere Eignung mitbringen. Allerdings sollte die Berufseinsteigerin auch an ihr Alter erinnert werden. Für die junge Krankenschwester oder die junge Stationsärztin sind die Nachtschichten in den ersten Jahren aufregend, weil sie für Stunden alleine an der Spitze der Verantwortungspyramide stehen und der Betrieb so ganz anders läuft als bei Tageslicht.

Dazu kommen die Nacht- und Bereitschaftsdienstzulagen. Über die Jahre stellt sich dann Routine ein und die Nachtarbeit wird zur zunehmenden Last, für viele zur Gefahr für die eigene Gesundheit. Ein Grund, warum ältere Fachärzte noch in der fünften oder sechsten Lebensdekade den Klinikdienst quittieren und in die Praxis wechseln, ist die Verpflichtung zu Nachtschichten. Für Krankenschwestern ist ein solches Ausweichen schwieriger. Zwar existieren es Funktionsabteilungen in Kliniken, nur ist die Beschäftigung dort heiß begehrt und oft gibt es auch für Kolleginnen mit gesundheitlichen Einschränkungen Wartelisten auf solche Schonarbeitsplätze. Ambulante Pflegedienste bezahlen oft schlechter, lassen aber gerne Teilzeitarbeit zu.

Apothekerin und auch die darunter angesiedelten pharmazeutischen Qualifikationen sind ebenfalls für Frauen sehr geeignet. Studium und Ausbildung sind kurz, die Bezahlung mindestens durchschnittlich. Es handelt sich um "Weißkittel-Berufe" mit hohem Prestige und Ansprüchen an Verträglichkeit im Umgang mit Kunden. Sehr vorteilhaft ist das Angebot von Teilzeitstellen selbst in größeren Dörfern. Deutschland weist eine der höchsten Apothekendichten der Welt auf. Ob das für immer so bleiben wird, ist natürlich nicht garantiert.

Lehramt ist zumindest an Grundschulen noch immer fast ein reiner Frauenberuf und das hat Gründe. Sechs- bis Zehnjährige brauchen eine einfühlsame Mutti-Lehrerin und das komplizierte Geflecht an nicht immer einfachen Konflikten zwischen Schülern, Eltern, Kollegen und Schulaufsicht giert nach weiblicher emotionaler Intelligenz. Je älter die Schlingel werden, umso mehr braucht es männliche Härte, um eine Klasse in

Räson zu halten. Dennoch überwiegt der Frauenanteil auch an den anderen allgemeinbildenden Schulen mit 70%. Wenn es sich eine angehende Lehramtsstudentin aussuchen kann, sollte sie in einem Bundesland studieren, dass Lehrkräfte regelhaft verbeamtet. Die Vorteile gegenüber einer identischen Position als Angestellte sind schlagend: runde 500 Euro mehr hat die Studienrätin monatlich auf dem Konto, kann sich sieben Jahre wegen Kindererziehungszeit vom Dienst beurlauben lassen und braucht zeitlebens nicht für den Ruhestand vorzusorgen. Während sich der angestellte Kollege mit den durchschnittlich mageren Zahlungen der Deutschen Rentenversicherung (44% des durchschnittlichen Lebenseinkommens) begnügen muss, darf die Beamtin im Ruhestand 71% ihrer letzten Besoldung einstreichen. Schulen gibt es vom Dorf angefangen immer dichter je größer eine Stadt wird, was die Arbeitsplatzfindung für berufstätige Ehepaare enorm erleichtert. Wer als Schülerin negative Erfahrungen mit dem Berufsbild Lehrerin gemacht hat, der informiere sich genau über die Arbeit einer Gewerbelehrerin, denn da hat man es schon mit älteren Jugendlichen zu tun, die einer strengen Selektion unterzogen worden sind. Wer in Klassen für Bankkaufleute oder Medizinische Fachangestellte unterrichtet, dürfte nur minimale Autoritätsprobleme haben und jeder Stress mit Helikopter-Eltern fällt weg. Sobald die Kinder einen Lehrvertrag in der Tasche haben, kämpfen Eltern nicht mehr um gute Zeugnisnoten, viele Schüler der Berufsschulen übrigens auch nicht.

Ähnlich wie beamtete Lehrerinnen sind auch die Beamten der Justizbehörden sehr privilegiert. Auch in diesen Institutionen ist der Frauenanteil fast pari und es gibt sie bereits in Kleinstädten mit Amtsgerichten, Grundbuchämtern, Standesämtern und Gefängnissen. Für Rechtspflegerinnen und Justizwacht-meisterinnen gibt es gut bezahlte Ausbildungsgänge, die zum krisenfesten Beamtenstatus führen und Frauen wirklich vor jeder Form von Diskriminierung schützen.

Eine konsequent in Minimalzeit durchgezogene Berufsausbildung schützt auch vor einer selten bedachten Komplikation ewigen Studentendaseins: sequentieller Monogamie und am Ende ungewollter Kinderlosigkeit.

Meine Patientin Barbara hat dieses Schicksal in für die 80er Jahre geradezu typischer Weise ereilt. Sie hatte als gute Realschülerin eine Ausbildung zur Optikerin absolviert und während dieser Zeit in einer Kleinstadt einen Abiturienten kennengelernt, der in der 30 Kilometer entfernten Großstadt Chemie und Biologie auf Lehramt studierte. Man wohnte aus Kostengründen noch bei den Eltern, die gut miteinander konnten, und so war das junge Paar mit Anfang zwanzig quasi verlobt. Nun spürte der junge Mann nach drei Jahren Studium einen Wechsel seiner Neigungen und beschloss, auf Medizin umzusatteln. Dazu musste er in die 100 km entfernte Landeshauptstadt umziehen und bei der Finanzierung auf das Gehalt seiner Verlobten vertrauen, die nun ernsthaft überlegte, auch noch etwas mehr aus ihrem Leben zu machen. Auf dem Abendgymnasium holte sie das Abitur nach und begann mit einem Psychologiestudium. Neben BAföG sicherten Anstellungen als studentische wissenschaftliche Hilfskräfte das Überleben. Für beide war diese dritte Lebensdekade eine ereignisreiche und stimulierende Zeit. Allerdings nahm sie brav die Pille und beiden kam niemals der Gedanke an Heirat oder Familiengründung. Die berufliche Karriere und viel Spaß hatten oberste Priorität. Erstaunlicherweise hörte sie von ihren Eltern nie ein einziges drängendes Wort pro Eheschluss. Zehn Jahre waren sie ein festes Paar gewesen, als der junge Mediziner im praktischen Jahr eine junge Kommilitonin aus dem ersten Semester kennenlernte und sich neu verliebte. Die Trennung war schmerzhaft, beirrte die angehende Psychologin aber nicht auf ihrem Karriereweg. Nach der Diplomarbeit schloss sich eine dreijährige Promotion an und in einer Zeit der Libertinage und des Feminismus fühlte sich Barbara gut aufgehoben in sequentieller Monogamie, zumal sie durchaus anspruchsvoll war, was die Auswahl intelligenter junger Männer anging. Als sie selber auf die vierzig zuging und die Universitätsstadt verließ, um eine Daueranstellung in der Berufsberatung des Arbeitsamtes einer mittleren Stadt mit 50 000 Einwohnern anzunehmen, realisierte sie, dass die meisten gleichaltrigen Männer mittlerweile verheiratet waren und ältere Herren häufig einen Sack voller Probleme nach Scheidungen mit sich herumtrugen. Kurz vor den Wechseljahren geriet sie in eine lang anhaltende Krise mit ausgeprägt depressiver Symptomatik. In der Therapie ging es um die verbleibenden Möglichkeiten in einem noch langen Leben auf dem Hintergrund verpasster Chancen und falsch gestellter Weichen in einer Zeit, die die christlichen Heiratsregeln außer Kraft gesetzt hatte. Die höchste Tarifstufe als promovierte Akademikerin im öffentlichen Dienst sicherte ihr ein materiell sorgenfreies Leben, wobei die Alltagsroutine im Amt von ihr regelmäßig die Note „vier" erhielt. Sie hat dann drei Jahre später mit einem zwanzig Jahre älteren Witwer eine Beziehung begonnen und über dessen Kinder und Enkelkinder so etwas wie ein verspätetes Familienglück erfahren.

21. Zyklische Arbeitsmärkte

Einige Berufsfelder sind starken zyklischen Schwankungen von Angebot und Nachfrage unterworfen. Klassischerweise gilt das für Bauberufe. Aber auch Fahrzeugingenieure sind davon betroffen. Hier kommt es immer wieder zu schwer zu prognostizierenden Konjunkturzyklen. Treffen die Entwickler bei Volkswagen mit dem neuen Passat-Modell den Geschmack der Käufer, dann ziehen die Verkaufszahlen rasant an und VW stellt ein. Laufen auch die Modelle der Konkurrenz bei BMW, Audi, Porsche und Mercedes gut, ist der Markt junger Fahrzeugingenieure in kurzer Zeit leergefegt und die Einstiegsgehälter steigen kräftig. Dieser Mangel wird in allen Medien ausposaunt und es setzt ein Run auf die Technischen Universitäten ein. Dort scheitert allerdings mitunter die Hälfte der Erstsemester an den für sie hohen Anforderungen in der Mathematik und bis diese Welle mit dem Master-Abschluss auf den Arbeitsmarkt kommt, vergehen mindestens fünf Jahre. Hat inzwischen Toyota in den USA aufgeschlossen und gerät der chinesische Markt ins Stottern, müssen die deutschen Autobauer zwei Gänge zurückschalten und plötzlich bricht der Bedarf an Ingenieuren dramatisch ein. So ein Konjunkturtief kann leicht fünf Jahre oder länger anhalten. In der Zwischenzeit verlassen die Hochschulen jedes Semester weiter frischgebackene Ingenieure. Springt die Nachfrage wieder an, so wird diesen Frischgebackenen gegenüber denen mit mehreren Jahren Arbeitslosigkeit oder berufsfremder Beschäftigung meistens der Vorzug gegeben. Genauso verhält es sich mit Architekten, Bauingenieuren und Betriebswirten. Können Eltern solche Zyklen voraussehen? Das ist schwierig. Wer hätte 1985 den Bauboom nach der Wiedervereinigung vorhergesagt und seiner Tochter zu einem Bauingenieurstudium geraten, um ganz pünktlich 1990 in die Bauwirtschaft einzusteigen und zehn Jahre Sonderkonjunktur mitzunehmen? Ab 2002 fanden junge Architekten wieder selten Arbeit und wenn, dann unter prekären Bedingungen. Seitdem die Euro-Angst die Deutschen ins Betongold treibt, sind die Bauingenieure wieder gefragt. Welche Voraussetzungen sollte ein Student konjunkturempfindlicher Studiengänge erfüllen, um nach dem Examen nicht unglücklich zu werden? 1. Wer hohe Begabung und Begeisterung mitbringt, der wird zu den besten 10% seines Jahrgangs gehören und die finden immer Beschäftigung. 2. Wer durch Eltern oder andere Umstände direkten Zugang zu den Personen hat, die einstellen, der wird über diese Beziehungen auch zum Zuge kommen, wenn sich auf jede freie Stelle hundert Bewerber melden.

Es gibt für einige Ausbildungen Zyklen, über die man selten etwas in Zeitungen oder Internetportalen liest. Dazu gehört z.B. die Einstellungspraxis der Bundesländer für Lehrer. Fächerkombinationen in Verbindung mit Schulart und Bundesland können über die sofortige Einstellung oder jahrelange Wartezeiten entscheiden. Auch hier gibt es schwer vorhersehbare „Moden", wie z.B. Spanisch als zweite Fremdsprache und dann wieder zurück zu „Latein", weil sich davon Oberschichteltern eine gewisse Segregation vom Massenbetrieb versprechen. Da kann man jedem angehenden Lehramtsstudenten nur empfehlen, in der Zentrale der GEW und des Philologenverbandes einmal persönlich vorzusprechen. Vielleicht gelingt es sogar Kontakt zu einem der zuständigen Beamten im Kultusministerium aufzunehmen in dem Bundesland, in dem man später arbeiten möchte. Die für die Personalplanung zuständigen Beamten haben die Zahlen der beschäftigten Lehrer, ihr Alter, die zu erwartenden Abgänge und Schülerjahrgänge vorliegen und betreiben Hochrechnungen. Natürlich kann ein plötzlicher Volksentscheid mit Rückkehr zu G9 oder eine Rolle rückwärts bei der Inklusion alle Kalkulationen zu Makulatur machen. Dennoch wird man alle verfügbaren Informationen in seine Entscheidung einbeziehen wollen, bevor man in fünf Jahre Ausbildung investiert. Überhaupt kann man in Deutschland nicht davon ausgehen, dass die Ausbildung in einem Beruf, dessen Absolventen Mangelware sind, dazu führt, dass man am späteren Arbeitsplatz hofiert wird. In weiten Bereichen ist die deutsche Arbeitswelt eben keine Marktwirtschaft, sondern stramm regulierte Staatswirtschaft.

Seit Jahren werden Ärzte händeringend von den Krankenhausträgern gesucht. Dabei verlassen gleichzeitig jedes Jahr zwischen 2000 und 4000 hier approbierte Ärzte das Land, was auch etwas mit der Bezahlung zu tun hat. Als der befreundete Chefarzt einer großen Klinik mir wieder einmal sein Leid über die vielen unbesetzten Stellen klagte, schlug ich ihm vor, Studenten im sechsten Jahr, die sonst ohne Entgelt vollschichtig arbeiten, mit 1000 € im Monat zu locken oder den Assistenzärzten im ersten Jahr 500 € auf das Anfangsgehalt von 3600 € zu packen. Nein, in eine Gehaltskonkurrenz wollte sein Geschäftsführer nicht eintreten. Er sollte dann schon lieber im tschechischen und slowenischen Ärzteblatt annoncieren. Und so verlassen eben tausende deutschsprachige Ärzte jedes Jahr das Land und tausend radebrechende rücken aus dem Ausland nach.

Ähnlich sieht es beim Pflegepersonal und ganz besonders in der Altenpflege aus. Die Aufnahme einer Ausbildung in einem Mangelberuf einer konjunkturunabhängigen Branche oder beim Staat verhilft einem also zunächst mal überhaupt zu einer Anstellung. Für ein überdurchschnittliches Einkommen bedarf es dann weiterer Überlegungen und Klimmzüge. Daher kann es manchmal durchaus sinnvoll sein, sich gerade noch in einen scheinbar gesättigten Markt hinein zu quetschen, anstatt sich für einen Mangelberuf ausbilden zu lassen, den niemand angemessen bezahlen will. So liegt das Durchschnittseinkommen eines Zahnarztes in einer bereits überversorgten Großstadt ohne Wartezeiten für Patienten immer noch dreimal über dem eines psychologischen Psychotherapeuten, bei dem die Klienten drei bis sechs Monate auf einen Termin warten müssen, der aber von den Krankenkassen mit einem niedrigen, fixen Stundenlohn abgespeist wird und dabei eine drei Jahre längerer Ausbildung als der Zahnarzt hinter sich bringen muss bei schärferen Zugangshürden zum Studium. Alexander Burstedde und Ruth Maria Schüler haben das am Institut der deutschen Wirtschaft in Köln eingehend untersucht und 2021 unter der Überschrift „Reagieren Löhne auf den Fachkräftemangel?" publiziert. Solche Überlegungen stellen Siebzehnjährige ungern an. Deshalb müssen es die Eltern tun.

22. Migrantenkinder

Wer freiwillig oder gezwungen mit seinen Kindern den Sprachraum wechselt, sollte sich in die Jahrgänge der wissenschaftlichen Zeitschriften *Journal of cross-cultural Psychology* und *Psychological Science* vertiefen. Es ist erstaunlich, wie genau hunderte von Forschern auf der ganzen Welt das Phänomen Rassismus und Diskriminierung seit Jahrzehnten untersucht haben. Barack Obama bezeichnete danach wissenschaftlich ganz korrekt dieses Phänomen als „Teil unserer gesellschaftlichen DNA". Bereits neun Monate alte Säuglinge differenzieren blitzschnell zwischen Fotos verschiedener Ethnien. Menschen bevorzugen die Gesichter der „in-group", der sie selbst angehören. Der fremden „out-group" wird auch von Erwachsenen überall auf der Welt ein geringerer Vertrauensvorschuss entgegengebracht. Um als „out-group" identifiziert zu werden, reicht schon ein geringfügig anderer Akzent, was Deutsche derzeit in der Schweiz öfter zu spüren bekommen.

Einer meiner Patienten arbeitete viele Jahre als Deutscher für eine internationale Handelskette im gehobenen Management in Zürich. Er berichtete, dass in der Zentrale im Innendienst bevorzugt deutsche Mitarbeiter eingestellt würden, weil diese bei gleicher Qualifikation bereit wären, für ein geringes Gehalt bei sogar höherem Tempo als ihre Schweizer Kollegen zu arbeiten. Nur im Außendienst kämen ausschließlich die Einheimischen mit ihrem Schwyzerdütsch zum Einsatz, weil sie in ihren vielen täglichen Kurzkontakten mit den Disponenten der Supermärkte, den „in-group"-Bonus in mehr Bestellungen ummünzen könnten.

Um eine Sprache wie ein Muttersprachler völlig akzentfrei zu sprechen, muss man sie etwa vor dem 11. Lebensjahr erlernen. Danach schließt sich dieses Zeitfenster individuell verschieden mehr oder minder rasch. Wer auf Dauer emigrieren will, sollte es tun, solange die eigenen Kinder noch die Grundschule besuchen. Selbst perfektes Deutsch als Muttersprache bewahrt Kinder mit türkischer Ethnie in Deutschland nicht vor subtiler Diskriminierung, sofern man die orientalische Ethnie äußerlich erkennen kann. Diese Deutschtürken berichten mir immer wieder, was für ein befreiendes Gefühl eine Reise ins Land ihrer Väter und Mütter auslöst, solange sie den Mund halten. Kaum stellen sie in Istanbul eine Frage auf Türkisch mit deutschem Akzent, schon sind sie wieder als „out-group Deutschländer" identifiziert und werden anders angeschaut. Diese merkwürdigen Denkschablonen sind wahrscheinlich evolutionär-biologisch hart verdrahtet und durch den Verstand und Erziehung nicht auszumerzen. Früher galt für Auswanderer-Generationen das Sprichwort: „Der ersten der Tod, der zweiten die Not, der dritten das Brot." Ganz so schlimm läuft es heute nur noch selten ab. Allerdings sollten Eltern die Nachteile, die ihren Kindern als „out-group" in der Mehrheitsgesellschaft erwachsen können, bei der Berufswahl berücksichtigen. Tätigkeiten, die permanent mit anonymen Kurzkontakten mit Einheimischen einhergehen, bei denen die Einheimischen auf einem Angebotsmarkt über den Erfolg oder Misserfolg des Migranten entscheiden, können heikel sein, weil die einheimischen Konkurrenten über ihren „in-group"-Bonus punkten.

Ausländische Pharmareferenten, die mich regelmäßig besuchen, haben mir dieses Leid des Öfteren im vertraulichen Gespräch geklagt. Leichter haben es Fremde in einer quasi beschützten

Arbeitsumgebung wie dem öffentlichen Dienst oder in Nachfrage-
märkten, z.B. als einziger Hausarzt in einem abgelegenen Dorf. Meh-
rere meiner exzellenten ausländischen Kollegen aus dem Vorderen
Orient haben diese Situation intuitiv erkannt und sich nicht der Kon-
kurrenz mit den deutschen Kollegen in einer überaus beliebten und
mit Ärzten überversorgten Universitätsstadt ausgesetzt, sondern
sind in den 80er Jahren auf das Land ausgewichen. Seit dem Exodus
der Russlanddeutschen in den 90er Jahren gibt es eine mehrere tau-
send messende Zahl russischsprachiger Patienten in Stadt und Land-
kreis und diese frequentieren gerne zwei russischsprachige Kollegin-
nen.

Ebenso verhält es sich mit der polnischen Minderheit. Zwei-
sprachigkeit erscheint vielen Eltern zunächst als ein ausschließlich positiver Aspekt von Migration. Ganz so eindeutig sind die
Forschungsergebnisse zur Bilingualität allerdings nicht.
Wächst ein Kleinkind deutscher Eltern in Australien auf und
sprechen die Eltern daheim fast ausschließlich Deutsch, wird
das Kind durch Kindergarten, Schule, Freunde, Fernsehen und
andere Medien dennoch australisches Englisch als „starke
Sprache" ausbilden und Deutsch als „schwache". Das bedeutet,
dass sein englischer Wortschatz deutlich größer sein wird als
sein deutscher. Bei einer Rückkehr nach Deutschland im Erwachsenenalter wäre das ein Nachteil in Berufsfeldern, die auf
höchste Sprachfertigkeit bauen. Echte Bilingualität, also das Erlernen von zwei Sprachen im Kleinkindalter, führt zu einer anderen Verdrahtung des Gehirns als das Erlernen einer zweiten
Sprache als Jugendlicher mit wenigen Stunden Übung in der
Woche. Echte Bilinguale bilden in ihrem Hirn stärker hem-
mende Verschaltungen aus, die je nach Situation blitzartig die
eine   oder   andere   Sprache   unterdrücken.   Diese

„Bremsprogramme" wirken sich nicht nur beim Sprechen, sondern auch bei anderen Denkvorgängen messbar aus. Ob das immer gut oder schlecht ist, kann die Wissenschaft derzeit noch nicht sagen. Auf jeden Fall unterscheiden sich Gehirne der Mehrsprachler in ihrer Arbeitsweise von denjenigen, die nur eine Muttersprache erlernt haben. Ganz schwer tun sich allerdings Kinder mit niedriger Intelligenz. Kindern auf einer Hauptschule mutet man daher nur wenig Fremdsprachenunterricht zu.

Und dann gibt es da natürlich das Gebiet mit den besten Zukunftsaussichten überhaupt, auf dem menschliche Sprachen nur noch eine marginale Rolle spielen. Es ist die digitale Welt, in der Migranten geradezu eine diskriminierungsfreie Zone antreffen, weil die Sprache der Maschinen das moderne Esperanto geworden ist. Computer-Nerds in aller Welt sehen sich als eine Gemeinschaft, eine Elite, die sich durch höchste Denkkraft auszeichnet. Informatiker, Mathe-Asse, Programmierer und Elektronik-Freaks können sich in ihrer Sphäre frei bewegen und sich der Hochachtung in fast jeder Gesellschaft auch als Fremder sicher sein. Wer bei seinen Kindern ein solches Talent entdeckt, sollte es fördern, so wie es die Eltern von Bill Gates getan haben.

23. Geld ist wichtig

Die meisten Jugendlichen sind erstaunlich idealistisch und haben häufig keine Vorstellung, was der Ernährer einer Familie verdienen muss, damit in einem vierköpfigen Haushalt all das stattfinden kann, was die Teenager heute als beinahe selbstverständlich ansehen. Auch einige Jahre später sind die meisten Studenten völlig ahnungslos in Bezug auf ihr zu erwartendes Einkommen. Eine Umfrage der Personalvermittlung Univativ unter 1100 Studenten offenbarte im Jahr 2018, dass 75% der Studentinnen und 60% der Studenten ihr späteres durchschnittliches Anfangsgehalt im angestrebten Beruf nicht einmal grob schätzen konnten.

Mit einem meiner jungen Patienten, Silas, den ich über zehn Jahre wegen ADHS (Aufmerksamkeitsdefizit und Hyperaktivität) betreute, kam ich bei einem Routinetermin auf die anstehende Berufswahl zu sprechen. Der junge Mann stand mit 17 Jahren zwölf Monate vor seinem Abitur und war fest entschlossen Künstler zu werden. Er schien Talent zu haben, denn nicht nur mich haben seine Zeichnungen und kleinen Skulpturen sehr beeindruckt. Seine Eltern waren Pastoren und wohnten mit ihren drei halbwüchsigen Kindern in einem großen Pfarrhaus mitten in der Stadt. Die ganze Familie war privat krankenversichert und die Besoldung der Eltern dürfte einem doppelten Studienrat-Einkommen entsprechen. Also kein Reichtum aber deutlich über dem Durchschnitt mit dem Privileg, eine wunderschöne Immobilie zum Vorzugspreis bewohnen zu dürfen. Der junge Mann hat die christlichen Werte seiner Eltern verinnerlicht und war sich bereits ziemlich sicher, auch einmal Vater von mindestens drei Kinder zu werden. Ganz vorsichtig fühlte ich vor: Ob er schon einmal bei Google nachgeschaut habe, was ein Künstler in Deutschland so durchschnitt-lich verdient? Und was man für Miete auf dem freien Markt für sein Elternhaus zahlen müsste? Wie viel die freiwillige Mitgliedschaft in der AOK im Monat koste? Den Krankenkassenbeitrag schätzt er auf 50 €. Tatsächlich wären bei einem Monatseinkommen von 2000€ als freiwilliges Mitglied mindestens 300€ zu entrichten. In der Künstler-sozialkasse käme er günstiger davon. Bei der Miete für 240 qm Wohn-fläche im freistehenden Einfamilienhaus mit Garten denkt er an 1000 €, was er gerne mal zwei nehmen darf in wahrscheinlich deutlich schlechterer Lage. Man sieht, der junge Mann hatte keine Ahnung, wie teuer das Leben auf dem freien Markt sein wird ohne die Alimen-tierung durch den quasi Beamtenstatus in einer Kirche. Mit den ast-ronomischen Konsequenzen in der Rentenvorsorge mochte ich ihn dann nicht mehr quälen und wollte ihm auch auf keinen Fall seine Pläne ausreden. Nur wusste er jetzt, dass er den Lebensstandard sei-ner Herkunftsfamilie mit einem Einkommen als freier Künstler mit großer Wahrscheinlichkeit nicht erreichen konnte. Wohl gemerkt, es geht um Wahrscheinlichkeiten, die man mit den harten Zahlen der Künstlersozialkasse ganz exakt berechnen kann. 2016 verdiente der deutsche Durchschnittskünstler 5000 Euro brutto im Jahr (!). Nur 1,8% konnten mehr als 50 000 Euro brutto an Einnahmen erzielen. Wird Silas ein zweiter Gerhard Richter, soll er mich zu einer Vernis-sage in New York einladen. Nach einem Auslandsjahr in Paris war sich Silas ziemlich sicher, dass er auf keinen Fall in einer norddeut-schen Kleinstadt versauern wollte. Also fallen alle geldwerten Vorteile weg, die ein Kind am Heimatort über die Ressourcen der Familie ein-fahren könnte. Ein Unterschlüpfen bei den Eltern, um die Fixkosten in der Anlaufzeit der Existenzgründung niedrig zu halten, scheidet aus. Er kann auch nicht, wie viele Kinder das im ärmeren ländlichen Raum erfolgreich praktizieren, im Garten der Eltern mit viel Eigen-leistung ein kleines Häuschen bauen oder den PKW teilen oder auf

Mami als Babysitter zurückgreifen. Konsequent gelebte Individualität und Autonomie sind ein kostspieliges Modell. Natürlich haben meine Fragen Silas Eltern aufgeschreckt und sie haben mich wissen lassen, dass ich doch bitte schön den Kapitalismus nicht in der Sprechstunde predigen möge. Ja, ich gebe es zu: Zu ihrer Sonntagspredigt Matthäus 6:26 passt das nicht: „Sehet die Vögel unter dem Himmel an: sie säen nicht, sie ernten nicht, sie sammeln nicht in die Scheunen; und euer himmlischer Vater nährt sie doch." Bei Silas ist diese Botschaft auf fruchtbaren Boden gefallen und er wird sich keine Gedanken um die Finanzierung seines Lebens machen müssen, solange er Junggeselle bleibt und die monatliche Überweisung der Eltern auf seinem Konto pünktlich eintrifft. Interessieren sich junge Menschen überhaupt nicht für den Gelderwerb, so ist es unwahrscheinlich, dass ihnen die Sterntaler per Zufall in den Schoß fallen. Das häufige Nachdenken über die positiven Aspekte eines hohen Einkommens verändert das Verhalten. Bei Silas habe ich es später nach der vorgetragenen Kapitalismuskritik mit einer ganz kurzen Einführung in das Wesen arbeitsteiliger Gesellschaften versucht. Wie viele Millionen Menschen stehen jeden Morgen in aller Herrgottsfrühe auf, damit frische Brötchen im Korb liegen, Milch auf das Müsli gegossen werden kann, der Bus einen zur Schule bringt und Putzfrauen und Hausmeister für ein sauberes und warmes Klassenzimmer sorgen? Wer baut dein Smartphone zusammen, sorgt für Strom und warmes Wasser? Wo möchtest du dich im Heer dieser Werktätigen einreihen? All diese bienenfleißigen Mitmenschen stellen etwas her oder bieten eine Dienstleistung an, die andere Menschen benötigen und bereit sind für diese zu zahlen. Mit dem Tauschwert Geld kann man wiederum andere Menschen für sich arbeiten lassen. Es lohnt sich also, darüber nachzudenken, ob du als Künstler etwas anbieten wirst, was Mitmenschen brauchen und bereit sind, gegen Geld zu tauschen. Während im "Goldenen Zeitalter" der Niederlande im 17. Jahrhundert jeder wohlhabende

Haushalt im Durchschnitt 50 original Ölgemälde besaß, kaufen heute in Deutschland nur noch wenige hundert Menschen regelmäßig moderne Kunst. Dafür besteht eine ständige gleichbleibende Nachfrage nach Kunstunterricht in allen allgemeinbildenden Schulen. Silas gönnte mir ein höhnisches Stöhnen. Was ist so verkehrt daran, vierundzwanzig Stunden in der Woche als Kunstlehrer mit einem Nebenfach zu unterrichten und dadurch auf einem A13/A14 Beamtensold materiell abgesichert zu leben und in der reichlich bemessenen Freizeit mit 60 unterrichtsfreien Tagen im Jahr seiner genuin schöpferischen Arbeit zu frönen? Nein, Silas sitzt auf einem hohen Ross. Die Mitmenschen dürfen gerne ihrer wenig glamourösen Werktätigkeit nachgehen. Er schwebt in anderen Sphären und braucht sich nicht einfügen. Verhungern lassen werden ihn die anderen schon nicht. Womit er ja auch Recht hat.

Dazu passen die Ergebnisse der Studie „Kunst studieren – und was kommt danach?" (H. Lohmann, S. Peter, 2020). 1300 Absolventen der Hamburger Kunsthochschule wurden angeschrieben. 400 antworteten. Trotz der sehr mageren Einkommen nannten vier von fünf Befragten ihr Studium gewinnbringend für die eigene persönliche Entwicklung und jeder zweite auch dann, wenn die eigene Kunst keinen Ertrag für das Erwerbsleben abwirft. Künstler leben vom Idealismus.

24. Welche Rolle spielt der Zufall?

Sicher keine kleine, wie das Beispiel der untergegangenen DDR zeigt. Mit dem Staat verschwanden beinahe über Nacht Berufe wie Kunstblumenfacharbeiter, Akkordeonfacharbeiter oder Meliorationsfacharbeiter (beschäftigt im Bau von Be- und Entwässerungsanlagen in der Landwirtschaft). Nun sind Revolutionen seltene Zufallsereignisse bei der Berufswahl. Fast immer zufällig verläuft allerdings die Informationsfindung, nämlich in winzigen Häppchen auf winzigen Smartphone-Bildschirmen. Besonders überzeugend für Jugendliche sind Videoclips auf YouTube durch die Kombination aus gesprochenem Wort und bewegten Bildern. Ist das der Grund, warum so viele „irgendwas mit Medien" machen wollen? Das jugendliche Gehirn ist unglaublich empfindlich gegenüber spontanen Eingebungen und scheinbar grotesken Ansprachen, wenn sie zum sensiblen Zeitpunkt einschlagen. Da riss die Bürgerstochter von daheim aus, um im Ashram von Poona Bhagwan-Jüngerin zu werden. Die Söhne höchster Regierungsbeamter traten in den Kommunistischen Bund Westdeutschlands ein, um Pol Pot anzubeten. Immer spielen hier scheinbar „zufällige" Bekanntschaften eine überragende Rolle.

Es ist natürlich unmöglich, den Strom potentiell gefährlicher Informationsreize komplett zu zensieren. Zu einem gewissen Maß an wohlwollender Überwachung sollten sich Eltern allerdings verpflichtet fühlen, was von den Kindern durchaus auch als ein Zeichen von Interesse und Angebot der Hilfe wahrgenommen wird. „Böse Zufälle" kann man dadurch unwahrscheinlicher machen, dass man die Kinder von Situationen und

121

Menschen fernhält, die solche regelrecht anziehen. 17jährigen ein Motorrad kaufen, damit sie mit ihrer Clique samstags nachts von Club zu Club fahren können? Besser nicht. An Wochenenden allein im Haus mit Zugriff auf den Weinschrank des Vaters in Gesellschaft trinkfreudiger Freunde? Besser nicht. Es ist ein Irrglaube, dass Jugendliche ein Recht darauf hätten, „sich auszutoben". Ganz im Gegenteil. Vielen sind solche Exzesse später höchst peinlich und einigen hätten früher gesetzte Schranken Gesundheit oder gar das Leben gerettet. Mit Verboten alleine erreicht man selten das Ziel. Es lohnt sich daher, die Wahrscheinlichkeit für „positive Zufälle" zu erhöhen.

25. Wo siedeln?

„Warum in die Ferne schweifen? Sieh, das Gute liegt so nah" (nach Goethe)

Die Berufswahl hat entscheidenden Einfluss darauf, wo mein Kind später leben wird. Bestimmte Berufe sind an bestimmte Orte gebunden. Orchestermusiker wohnen dort, wo es ein Orchester gibt, also meistens in größeren Städten, die sich ein Symphonieorchester leisten können. Alle Analysten von Finanzwerten beschäftigten die Kreditinstitute in ihren Zentralen. Folglich wird sich der junge Volks- oder Betriebswirt nach Frankfurt, München oder in die Landeshauptstädte bewegen müssen. Die Kreativen zieht es seit Jahren magisch nach Berlin. Schon die Wahl eines Ausbildungsortes geht mit einer gewissen Wahrscheinlichkeit einher, dass der frische Berufsanfänger versuchen wird, in der Nähe des Studienortes zu bleiben, hat er doch dort Freunde gewonnen oder gar eine Partnerin, die sich noch in der Ausbildung befindet. Diese Paarbildung an Ausbildungsorten fern der Heimat, wird zum ernsten Problem, wenn Familie gegründet wird und Eltern und Schwiegereltern hunderte Kilometer entfernt leben. Häufig erwägen junge Eltern dann einen Umzug, um auf familiäre Hilfe zurückgreifen zu können, wie sie über Jahrhunderte in großen Lebensgemeinschaften selbstverständlich war. Meistens muss dann ein Elternteil auf die enge Bindung an seine Herkunftsfamilie praktisch verzichten. Man sieht sich Weihnachten. Überhaupt zieht es die jungen, gut ausgebildeten Menschen in die sogenannten Schwarmstädte. Die Landflucht wird sich allen Prognosen zufolge sogar noch beschleunigen und für Junggesellen gibt es tatsächlich keinen Grund auf dem Dorf zu versauern.

Anders verhält es sich für junge Menschen, die Familie gründen wollen. Hier sollte man den Sprössling ruhig einmal vor Beginn der Ausbildung festnageln, ob das spätere Einkommen in der gewählten Profession ausreichen wird, um in einer hippen Großstadt mit einer großen Familie glücklich zu werden. Die Immobilienpreise in guten Lagen bewegen sich in Höhen, die es z.B. einem Universitätsprofessor W2 mittlerweile unmöglich machen, ein kleines Eigenheim zu erwerben. Und die gute Lage ist in den Großstädten nicht nur wegen lokaler Mikrokriminalität, sondern auch wegen der Probleme in den staatlichen Schulen für Eltern wichtig. Es gibt bereits Stadtbezirke, in denen 86% der Schüler Migranten sind aus Familien, die zu 74% von Hartz IV leben (Nord-Neukölln, Hannover-Mühlenberg). In vielen Gemeinschaftsschulen der Problemviertel findet kein Schulunterricht mehr statt, wie ihn die Eltern erlebt haben. Diese Entwicklung ist nicht für Deutschland spezifisch, sondern z.B. in Großbritannien noch weiter fortgeschritten. Arztkollegen in Bremen verlegen mitunter die Meldeadresse ihrer Kinder knapp hinter die Stadtgrenze in eine niedersächsische Gemeinde, um dem Bremer Schulsystem zu entkommen. Dadurch entsteht allerdings ein täglicher Zeitverlust durch Pendeln.

Für große Familien kann das Leben in einer deutschen Metropole eigentlich nur mit einem außergewöhnlich hohen Einkommen bequem funktionieren. Und die Preise werden weiter steigen parallel zur Konkurrenz um alle Ressourcen in einer Stadt. Von der abgasgeschwängerten Luft, dem Verkehrslärm bis zum Hundekot in allen Grünanlagen sind die großen Städte buchstäblich keine Spielwiese für Kinder. Die haben gern Tiere, eine Sandkiste, ein Planschbecken, ein fest eingezäuntes Areal in dem sie vor Autos, rasenden Radfahrern und fremden Kötern sicher sind. So etwas kann sich eine junge Familie abseits der Metropolen oft noch leisten, sofern Vater und Mutter Berufe haben, für die es Beschäftigung in mittleren und kleineren Städten gibt. Werden die Kinder größer, müssen Eltern aufpassen, dass sich die Wege ihrer Sprösslinge nicht mit denen kreuzen, die zu viele „Krieger-Gene" in ihrem Blut haben und sich einen Spaß daraus machen, in Gangs herumzulungern und ihre Altersgenossen auszurauben.

Umzüge sollten nach der Geburt von Kindern nicht alle zwei Jahre angeordnet werden, denn das zerreißt sämtliche Netzwerke, auf die junge Familien so sehr angewiesen sind. Berüchtigt war und ist die Bundeswehr als Arbeitgeber mit turnusmäßigen Umzügen alle fünf Jahre kreuz und quer durch ganz Deutschland. Ohne solche dienstlichen Versetzungen gibt es angeblich keinen Aufstieg und früher sollte damit verhindert werden, dass Offiziere zu tiefe emotionale Wurzeln in einer Region schlugen, damit sie sich im Ernstfall nicht weigerten, auf Kommando auf revoltierende Mitmenschen zu schießen. Die Verteidigungsministerin hat versprochen, den großen Umzugszirkus kleiner zu halten. Kann man das glauben? Ähnlich verhält es sich mit der evangelischen Kirche als Arbeitgeber. An sich ist Pastorin ein traumhafter Frauenberuf. Nur fällt der Zeitpunkt des Eintritts in den Beruf genau in die Zeitspanne, die Eltern für das göttliche Gebot „seid fruchtbar und mehret euch" nutzen sollten. Die ersten Gemeinden weist die Kirchenverwaltung den angehenden Pfarrern zu, erst später dürfen sie sich auf frei werdende Pfarrstellen bewerben. Wenigstens bezahlt die Kirche ordentlich und sorgt für familienfreundliche Unterkunft.

Der Leser merkt schon, es entstehen komplizierte Entscheidungsbäume und nicht jede noch so klug erdachte Gleichung wird über ein ganzes Leben aufgehen. Dennoch lohnt es sich, diese Algorithmen immer einmal wieder mit den Kindern zu diskutieren, weil nach meiner Erfahrung Jugendliche nur allzu gern einen großen Bogen darum machen. Sie wollen sich alle Freiheiten möglichst lange offen halten und scheuen frühzeitige Festlegungen wie der Teufel das Weihwasser. Eltern müssen da ran und behutsam immer wieder die enormen Vorteile im Alltag herausstreichen, die ein Siedeln an einem sorgfältig ausgewählten Ort u.U. auch in einer größeren Lebensgemeinschaft haben kann, denn der große sozialdemokratische Plan vom Ersatz der Familie durch den Staat ist selbst in Musterländern wie Schweden nicht aufgegangen. Einem Elternpaar ist das in bewundernswerter Weise gelungen.

Uwe, heute 45 Jahre alt, verheiratet und Vater dreier Töchter, betreue ich wegen enormer Fettleibigkeit seit fast zwanzig Jahren. Seinen Vater, einen stillen, freundlichen Elektriker, hatte ich ebenso wie seine Mutter einmal mit in die Sprechstunde einbestellt. Beide machten einen absolut vernünftigen Eindruck. Nur wenn es um die beste Hausfrauenkost für ihren Sohn ging, ließ die Mutter keine vorsichtigen Ermahnungen zu. Uwe war ein Schulversager und nur mit viel, viel Nachhilfestunden und Engelszungen konnten die Eltern ihn durch die Realschule bugsieren, wenn auch mit zweimaligem Wiederholen von Jahrgangsstufen. Eine Lehrstelle zu finden, entpuppte sich als schier unlösbares Problem bei 110 Kilogramm Körpergewicht und

Vieren auf dem Zeugnis. Schließlich gelang es dem Vater, den Sohn bei seinem eigenen Arbeitgeber unterzubringen. Er durchlief die Ausbildung zum Elektriker in einem Prozess der erstaunlichen Nachreifung. Für gleichaltrige Mädchen war Uwe so etwas wie ein gutmütiger Komiker ala Heinz Erhardt, den sie nicht küssen mochten. Als sich der Eiserne Vorhang hob, gab es plötzlich Kataloge mit Damen aus Osteuropa, für die ein deutscher Mann besonders attraktiv zu sein schien. Uwe hat sich mit einem minderwüchsigen Kollegen zusammengetan und seinen Urlaub an der polnischen Ostseeküste verbracht. Es dauerte keine drei Monate und er präsentierte den erstaunten Eltern eine attraktive Polin als seine Braut. Das Paar hatte sehr, sehr konkrete Pläne. In Poznań, dem Heimatort seiner Frau, wollten sie ein Café eröffnen und dafür einen Kredit in Deutschland aufnehmen, für den die Eltern bürgen sollten. Da haben diese Eltern innerhalb weniger Wochen ihr Glanzstück vollbracht. Es gelang ihnen, den Sohn behutsam von seinen Auswanderungsplänen abzubringen. Ohne Kenntnisse der polnischen Sprache, ohne Berufserfahrung in der Gastronomie, mit einer Einheimischen, die er erst seit wenigen Wochen kannte, auf Kredit in die Selbständigkeit starten, das erschien ihnen zu waghalsig. Sie haben ihm dennoch eine Bürgschaft gewährt, aber für ein kleines Grundstück ganz in der Nähe zum Bau eines schmucken kleinen Hauses, in das dann ruck, zuck drei prächtige Enkeltöchter hineingeboren wurden, um die sich die Großeltern jeden Tag kümmern. Uwe ist seinen Eltern immer noch dankbar, dass sie es mit viel Fingerspitzengefühl fertig gebracht hatten, ihn von einer seiner vielen fixen Ideen des jugendlichen Überschwangs zu lösen. Sie hatten damals die Übernahme einer Bürgschaft nicht sofort schroff abgelehnt, weil sie um seine Schwäche des oppositionell-trotzigen Denkens wussten. Vielmehr ließen sie ihn dosiert spüren, dass 150 000 Mark auch für sie kein Pappenstiel gewesen wären und nährten die Zweifel an seiner eigenen Courage, denn um die starken

Angstanteile in seinem Charakter wusste besonders die Mutter. Mich
hat erstaunt, wie dieses ältere Ehepaar einen schwierigen Sohn be-
hutsam um eine ernste Klippe in seinem Leben herumgeschifft hatte.

Im Zeitalter der Beschleunigung und Hypermobilität ran-
gieren die Belastungen täglichen Pendelns zunächst als wenig
besorgniserregend unter ferner liefen, zumal für junge Männer,
die ohnehin gerne Auto fahren. Wer dann später tatsächlich
während der rush hour vom einen Ende Hamburgs zum anderen jahrelang vor roten Ampeln oder in überfüllten S-Bahnen
täglich zwei Stunden verbringt, grübelt über die Sinnhaftigkeit
der Dissoziation von Arbeitsplatz und Wohnstätte. Dass die an-
gesagten Szeneviertel dennoch eine hohe Anziehungskraft
auch auf Familien ausüben, ist mitunter schwer zu verstehen,
wenn man die Nachteile unter die Lupe nimmt, die dafür in
Kauf genommen werden. Eine Kollegin, die mit drei kleinen
Kindern und arbeitslosem Partner auf 75 qm im Hamburger
Schanzenviertel wohnte, formulierte es einmal so: „Weißt Du,
wir haben ja gar nicht die Zeit und das Geld, um öfter in die
vielen Restaurants in der Nähe zu gehen. Aber allein der Gedanke, dass wir das jederzeit tun könnten, schafft ein gutes Gefühl." Es ist also tatsächlich oft die Aufrechterhaltung der Illu-
sion jugendlicher Freiheitsgrade und Möglichkeiten,
die Menschen in der Enge, im Lärm und wenig kindgerechter
Umgebung verharren lässt.

Überhaupt hängt an der richtigen "Adresse", an einem passenden Wohnsitz für Familien sehr viel. Der Erwerb von Wohneigentum ist für die allermeisten Menschen die größte Anschaf-
fung ihres Lebens. Viele nehmen dafür Kredite auf, die sie nur
unter günstigen Bedingungen über Jahrzehnte abtragen

können. Eine schwere Krankheit, Berufsunfähigkeit oder Scheidung sind häufige Gründe für das Platzen solch kreditfinanzierten Glücks, das ganz rasch in einem Notverkauf oder gar der Zwangsversteigerung enden kann. Da in den großen Städten unserer modernen auf Individualismus und Hedonismus ausgerichteten Gesellschaft bereits bis zu 40% aller Ehen geschieden werden, sind solche Desaster keineswegs selten. In diesen großen Städten haben die Immobilienpreise mittlerweile ein schwindelerregendes Niveau erreicht und auch in kleineren Gemeinden braucht man viel Zeit, um ein Objekt zu finden, bei dem alles passt. Das kann mitunter Jahre dauern. Unterwerfen sich junge Berufseinsteiger dem Mobilitätszwang der freien Wirtschaft, so bleiben ihnen meist nur Wochen, um den Markt zu beobachten. Ein Sahnestück zu ergattern, wird zur reinen Glückssache.

Wie privilegiert kam dagegen meine Patientin Sarah zu ihrer "Adresse". Als ältestes von drei Geschwistern hatte sie wie ihr Vater Bäcker und Konditor gelernt, sollte einmal die in dritter Generation bestehende Firma des Vaters übernehmen. Der Urgroßvater hatte mit einer Backstube begonnen. Der Großvater konnte expandieren und mit seinen über das ganze Stadtgebiet verteilten Filialen viel Geld verdienen, das er nach zwei miterlebten totalen Geldentwertungen nur ungern Banken anvertraute. So hat er den Immobilienmarkt in seiner Heimatstadt kontinuierlich beobachtet und immer, wenn sich eine Gelegenheit bot, zugeschlagen. Mit dem Hintergedanken an seine zahlreichen Kinder und dem Glauben an die Zukunft seines Familienunternehmens tat er dies mit einem langen Atem. So erstand er z.B. direkt gegenüber seinem eigenen Wohnhaus ein großes älteres Gebäude, in dem nur noch ein betagter älterer Herr als Mieter lebte, der aufgrund schwerer Krankheit praktisch unkündbar war. Investoren, die am raschen Gewinn interessiert sind, machen um solche Objekte einen Bogen. Sarahs Großvater hat geduldig gewartet, bis der ältere Herr nach vier Jahren das Zeitliche segnete und danach diesen Altbau grundsanierte, damit sein Sohn einziehen konnte. Der wiederum hat ebenfalls ständig die Augen offen gehalten und in der Nachbarschaft die kleine Villa eines Architekten kurzentschlossen mit sofortiger Barzahlung zu einem Schnäppchenpreis erworben, als der Architekt mit seiner Baufirma in die Insolvenz geriet. In diese kleine Villa zog meine Patientin, nachdem ihr Versuch gescheitert war, den väterlichen Bäckereibetrieb zu übernehmen. Sarah war als Geschäftsfrau dem wachsenden Konkurrenzdruck der Billigbäcker und zahllosen Backwarentheken in den Supermärkten nicht gewachsen. Ihre Geschwister drängten auf Barauszahlung des zustehenden Anteils und ihr Vater war zu alt, um den Umbrüchen im Bäckerhandwerk noch etwas entgegensetzen zu können. Dass sie dann auch noch den falschen Mann geheiratet hatte, der sie mit ihren beiden Kindern sitzen ließ, führte zu einer schweren Depression und in meine Sprechstunde. Was hat sie während dieser heftigen Stürme stabilisiert? Immer wenn ich morgens an ihrer Villa in bester bürgerlicher Wohnlage vorbeifuhr, musste ich an die Klugheit ihrer Vorfahren denken, die über ihre Sesshaftigkeit den Kindern, und zwar allen, zu einer schuldenfreien "Adresse" verholfen hatten. Sarah hat einige Jahre gebraucht, um mit ihren Depressionen fertig zu werden. Mit dem Rückhalt der Familientradition und ihrem "guten Namen" in der Stadt hat sie schließlich einen Gastronomen in zweiter Ehe geheiratet, der mit ihr gemeinsam einen überregionalen Vertrieb von Konditoreispezialitäten organisierte. Sarah gewann Reputation als Tortenkünstlerin mit lobender Erwähnung in der Lokalpresse.

26. Bleibe im Lande und nähre dich redlich

Heute ist es modisch, der Schulausbildung der Kinder und späteren beruflichen Karriere eine globalisierte internationale Ausrichtung zu geben. Selbst die Handwerkskammern wollen ihren Lehrlingen einige Monate Praxis in fernen Ländern zu Gute kommen lassen und bedenken den psychischen Entwicklungsstand der Teenager nicht. Modellprojekte, die sich dem Import arbeitsloser spanischer und portugiesischer Jugendlicher in den ländlichen Raum an Weser und Ems richteten, blickten nach wenigen Monaten auf einen unvorhergesehenen Schwund der Teilnehmer gegen Null. Man hatte das Heimweh unterschätzt und die Fähigkeiten überschätzt, mal eben innerhalb weniger Wochen Deutsch zu lernen.

Das Ausblenden soziokultureller Schranken in einer propagiert grenzenlosen Welt lässt mich an das Schicksal meines hochintelligenten Patienten Ferdinand F. denken, den die Abenteuerlust der Jugend in fremde Länder trieb. Ferdinand wuchs im Emsland in einer streng katholisch geprägten ländlichen Heimat seiner Mutter auf, in der sein Vater als umtriebiger Geschäftsmann einen gewissen Exotenstatus genoss. Er war als unruhiger, hyperaktiver Geist zugewandert und hetzte Frau und sechs Kinder mindestens einmal im Jahr auf Abenteuerexkursionen auch bis nach Subsahara-Afrika. Es konnte nicht weit und gefährlich genug sein. Prompt war dem Sohn Deutschland zu eng für ein Studium der Rechtswissenschaften und so musste es Edinburgh im fernen Schottland sein, ohne zu bedenken, dass ein Abschluss in Law mit dem deutschen Staatsexamen in keiner Weise kompatibel ist. Dass höchste Sprachkompetenz im juristischen Alltag eine Voraussetzung für das Erreichen begehrter Positionen sein könnte, war Ferdinand als Student nicht klar. Ebenso wenig dachte er an die Geschichte der letzten einhundert Jahre, die Deutsche und Engländer zwei erbitterte Kriege gegeneinander hatte führen lassen. Antideutsche Vorurteile – war das nicht ein ausgestorbener Anachronismus? Nach seinem Masterstudiengang erhielt er auf seine Bewerbungen bei den großen britischen „Law firms" nur freundliche Absagen. Allerdings war einer seiner Professoren, ein US-Amerikaner, bereit, ihn als wissenschaftlichen Mitarbeiter auf einem Projekt zu juristischen Problemen der Umschuldungsabkommen Brasiliens zu beschäftigen. Nur galt es bis zur Bewilligung der Anstellung auf schmalem Salär eine Durststrecke von sechs Monaten zu überwinden. Ferdinand wollte diese Zeit nutzen und Portugiesisch lernen, je weiter weg, desto besser und deshalb ging er nicht nach Lissabon sondern nach Sao Paulo. Der auch in sexualisierter Globalisierung erfahrene Vater war bereit, ein Stipendium zu zahlen. Und was passierte zwangsläufig im bunten Brasilien? Der Sprachkurs wurde erweitert durch Samba-Unterricht und die überwältigende Lebenslust einer dunkelhäutigen Landesschönheit. Wie sein Vater, erlag auch Ferdinand der Exotik und durfte fortan nicht nur heiße Sambarhythmen sondern auch die finanziellen Forderungen einer südamerikanischen Großfamilie befriedigen, was mit dem schmalen Salär eines Wissenschaftlers nicht einfach war. Immerhin verhalf ihm die sprühende Lebenslust seiner Frau zu sechs wilden, charmanten Kindern, die im trüben, kalten England als echte Farbtupfer wahrgenommen wurden. Er hat dann versucht, alle Kinder trilingual aufzuziehen. Da er selber nur wenige Stunden in der Woche Präsenz in der Familie zeigen konnte, blieb Deutsch auf der Strecke. Seine Eltern konnten mit den Enkeln nur über Dolmetscherdienste kommunizieren. Die Muttersprache Portugiesisch als phonetische Sprache fiel den Kindern leichter. Allerdings waren sie im Englischen ganz auf Kindergarten, Fernsehen und Schule angewiesen. Besuche zu Weihnachten im Land der Großeltern gerieten zu logistischen und finanziellen Abenteuern, wurden von Jahr zu Jahr immer rarer. Selbst ein von hohen Mauern mit Stacheldraht umzäunter Komplex von Eigentumswohnungen am Stadtrand der südamerikanischen Kriminalitätsmetropole bot nicht länger die aus Europa gewohnte Sicherheit, zumal die brasilianische Großmutter die Miete nur aus Transferzahlungen ihrer emigrierten Kinder begleichen konnte. Ihr Mann war nach einem aufreibenden Leben als Geschäftsmann im brasilianischen Korruptionsdschungel relativ früh an – nein, nicht an einer Kugel, sondern einem Herzinfarkt verstorben. Das südamerikanische Temperament, die braune Hautfarbe und der schwere Akzent der Eltern, ließ die sechs Kinder im Vereinigten Königreich im Migrantenstatus verharren, zumal die Mutter klassische brasilianische Namen für ihre Kinder gewählt hatte: Ramon, Luis-Santiago, Don-Carlos, Mercedes, Angela-Vittoria und Anahi. Ferdinand selber konnte sich von Zeitvertrag zu Zeitvertrag an verschiedenen Universitäten hangeln, bis die Finanzkrise durchschlug und die Fakultäten auf schmale Kost gesetzt wurden. Mittlerweile in der fünften Lebensdekade blieben seine zahllosen Bewerbungen erfolglos. Sein Vater war nun gefragt, ein vorgezogenes Erbe zu überweisen. Durch stundenweise Arbeit als Portugiesisch Lehrerin konnte die Mutter von sechs quicklebendigen Rackern nur unwesentlich zum Familieneinkommen beitragen und aus Sao Paulo trafen Emails mit dem Inhalt „Bitte rasch mehr Geld schicken!" ein. Nach zwei Jahren waren die Schuldenstände auf allen Konten derart angewachsen, dass Kreditkarten gesperrt wurden. Der deutsche Großvater bot der Großfamilien an, nach Deutschland zu übersiedeln, in sein riesiges Einfamilienhaus einzuziehen und nach sechs Monaten deutsche Sozialhilfe zu beantragen, denn für einen älteren Wissenschaftler und Spezialisten für brasilianisches Außenhandelsrecht gab es in ganz Deutschland aktuell keinen Bedarf. Ferdinand suchte in meiner Sprechstunde Rat wegen ausgeprägter Schlafstörungen und eines Verlustes *jeglicher Lebensfreude. Die Kinder im Alter von neun bis zwanzig Jahren waren entwurzelt, mussten Deutsch als Fremdsprache lernen und pochten auf sofortige Rückübersiedlung nach England. Das Leben auf Sozialhilfeniveau war für ihn, der mit akademischen Titeln und einer langen Publikationsliste ausgestattet war, eine tiefe Demütigung ohne jegliche Aussicht auf Besserung. Einen Bedarf für Portugiesisch Unterricht existierte in der norddeutschen Kleinstadt nicht. Der therapeutische Prozess kreiste um das Sich-Abfinden mit dem Scheitern und der Akzeptanz eines nur noch sehr eingeschränkten Gestaltungsspielraums im höheren Lebensalter.*

Wie viele Autoren habe auch ich mein schmales Buch gleich nach der Niederschrift zunächst Freunden und Familienmitgliedern zum Lesen gegeben. Deren Reaktionen waren überraschend. Auf der einen Seite Betroffenheit bei denen, die selber im Berufsleben Schiffbruch erlitten hatten. Auf der anderen Seite ein mildes Augenrollen der Erfolgsmenschen nach dem Motto „ein bisschen dramatisch, findest Du nicht?". Dabei waren die Hobby-Lektoren in der Mehrheit, die so kommentierten: „lässt mich bedrückt zurück", „macht mich traurig", „hast Du für mich als Arbeitslosen einen Tipp?"

Ja, das Resümee aus sechsundzwanzig Kapiteln kann durchaus als eine Sammlung von „Tipps" verstanden werden und so fasse ich die Kernbotschaften noch einmal in zwölf Thesen zusammen und erweitere sie um einen optimistischen Ausblick:

1. Da Eltern ihre Kinder am besten kennen und über sehr viel mehr Berufserfahrung verfügen, obliegt ihnen die Steuerung des Prozesses der Berufsfindung. Das muss keine Last sein, sondern kann wie eine heitere „Schatzsuche" ablaufen, zumal in einer historisch für Jugendliche einmalig komfortablen Situation: auf 1000 ältere Berufsaussteiger folgen in Deutschland nur 666 jugendliche Berufseinsteiger.

2. Der Ton sollte dabei immer humorvoll und wohlwollend bleiben. Ehrliches Interesse und Engagement der Eltern wissen auch scheinbar renitente Jugendliche zu schätzen.

3. Die Rückbesinnung auf die biologische Begrenztheit des menschlichen Daseins wird für viele Eltern und fast alle Jugendlichen zum heilsamen „Schock", mit der Chance das Risiko für Überforderung zu senken.

4. Die gewichtigsten Faktoren für Schul- und Berufserfolg werden genetisch beeinflusst und damit von den Eltern vererbt. Die Akzeptanz der Vererbung von Intelligenz und Persönlichkeit hat eine enorm entlastende Wirkung, wenn sie dazu beiträgt, seine beruflichen Ziele dem anzupassen, was die Natur einem mitgegeben hat. Erziehung und Coaching erhalten ihren angemessenen Stellenwert und Eltern blicken milder auf vergebliche Liebesmüh.

5. Die Umwelteinflüsse gilt es dennoch sehr kritisch im Auge zu behalten, weil sich unser Schulsystem mancherorts in eine Art bunten Zirkus verwandelt hat, der grundlegende sozialbiologische Gegebenheiten komplett verleugnet und die individuell beste Förderung besonders der leistungswilligen Schüler nicht mehr garantiert sondern eher behindert. Hier können Eltern durch Schulwahl und individuelle Freizeitförderung manche Scharte auswetzen.

6. Das jugendliche Gehirn produziert auch „Grillen" (sonderbare Gedanken) und neigt zum oppositionell-trotzigen Denken. Das Aufspringen auf aberwitzige Moden gilt es zu beobachten und zu bremsen, wenn dadurch gefährliche Grenzen überschritten werden. Nicht für jede 16jährige ist ein Auslandsjahr in einem Dritte-Welt-Land eine gute Idee.

7. Sekundäre Motivationsfaktoren bei der Berufswahl (Bezahlung, Sicherheit des Arbeitsplatzes) muss man vielen Jugendlichen nahe bringen. Davon profitieren Eltern

später, wenn sie nicht bis zum Sankt-Nimmerleins-Tag monatlich für den Unterhalt der Sprösslinge aufkommen wollen.

8. Der heute von Gesellschaftswissenschaftlern vehement eingeforderte soziale Aufstieg für jeden hat auch seine Schattenseiten, weil er viele Jugendliche massiv überfordert und von ihren Eltern entfremdet. Den eigenen Kindern vorleben, dass man mit dem, was man erreicht hat, durchaus zufrieden leben kann, wirkt der Ideologie des Glücks durch ständiges Wachstum und Selbstperfektionierung entgegen.

9. In diesem Zusammenhang lohnt sich ein ganz genauer Blick auf viele der heute geschmähten nicht-akademischen Ausbildungsberufe und dualen Studiengänge, zumal man dadurch oft ein zweites Übel der Moderne an der Wurzel packen kann: Ständig eingeforderte Hypermobilität.

10. Berufliche Entwicklung in der Heimat hat derart viele praktische Vorteile, dass man sich wundern muss, warum so viele junge Menschen den Illusionen einer Selbstverwirklichung durch ständige Umzüge aufsitzen. Das geht für Junggesellen häufig lange gut. Nach der Familiengründung in der Ferne, insbesondere mit mehreren Kindern, fehlen dann plötzlich die Ressourcen der Eltern und Schwiegereltern. Bleibt man in der Region, so stellen sich wie selbstverständlich familiäre Synergien ein, die ein glückliches generationsübergreifendes Zusammenleben fördern.

11. Es ist gut, dass bei der Berufswahl Chancengleichheit zwischen den Geschlechtern Realität geworden ist. Das bedeutet allerdings nicht, dass es keine Unterschiede in den

Talenten und Vorlieben gäbe. Wer akzeptieren kann, dass es tatsächlich gute „Frauenberufe" gibt, der berät seine Töchter weise und darf sich u.U. später über eine Schar Enkelkinder freuen, die von einer Mutter großgezogen werden, die sich nicht permanent überlastet fühlt.

12. Die Moderne ist der gnadenlose Antreiber, der Hyperindividualismus, Hyperautonomiestreben, Hyperkonnektivität und Hypermobilität fordert. Vielleicht kann dieses Buch einigen Eltern helfen, durch eine kluge Berufswahl mit und für ihr Kind eine passende Nische im Zeitalter der Beschleunigung zu finden.